平成26年改正
建築士法の解説

編著／衆議院議員 盛山 正仁

大成出版社

推薦の言葉
――建築設計業界のさらなる発展に向けて――

衆議院議員　額賀　福志郎
（自由民主党建築設計議員連盟会長）

　建築士をはじめ建築設計に携わる皆様方には、国民が安心できる質の高い建築物の実現に日々ご尽力されておられることに、敬意を表します。

　議員立法で建築士法を平成26年に改正したことにより、設計・工事監理の業の適正化が進み、皆様の業務が適切に行える環境整備の一助となったことは非常に喜ばしいことと考えております。

　建築設計をとりまく環境については、近年、建築士を志す者が減少しており、厳しい経済状況の中、建築士事務所の数も減ってきているという大変困難な状況にあります。また、構造計算書偽装問題や建築士免許証を偽造した建築士なりすまし事案などの発生により、建築士に対する国民の目が厳しくなっております。

　このような中、平成25年に、設計団体自らが設計等の業の適正化と消費者保護の充実について、ご提案をなさいました。私たち自由民主党建築設計議員連盟は、この建築設計三会のご意向を受け止めて、法律改正のイニシアティブをとり、与野党の国会議員の賛同を得て、法改正を行いました。今回の法改正は、建築設計業界の今後の発展に確実につながっていくものと確信しております。

　本書を通じて、建築設計・工事監理の業に携わる皆様が、今回の法改正の内容を良く理解されて、皆様の業務に活かしていただき、国民の皆様から安心していただける建築設計業界となり、また、皆様のご活躍によって建築設計業界がさらなる発展をとげるようになることを、大いに期待しております。

刊行に当たって

衆議院議員　山本　有二
（自由民主党建築設計議員連盟事務局長・
設計監理等適正化勉強会座長）

　平成26年の議員立法による建築士法の改正は、平成25年11月に、公益社団法人日本建築士会連合会、一般社団法人日本建築士事務所協会連合会、公益社団法人日本建築家協会の建築設計三会が協力して、設計・工事監理の業の適正化と消費者への情報開示の充実に関する三会共同提案を提出されたことが契機となっています。

　この共同提案には、三会の並々ならぬ熱意が込められており、私としても、これは日本全体の建築士のモラル向上や高品質な建築物につながるものであると考え、平成25年12月に自由民主党建築設計議員連盟総会でご説明頂き、三会の熱意を受け止め、「設計監理等適正化勉強会」を設置して議員立法化に向けての検討を進めることにしたものです。

　私が座長となって、平成26年1月から3月にかけて同勉強会を4回開催して検討を行いました。同勉強会では、三会のほか、他の関連団体にもヒアリングをしてご意見を伺い、調整を重ねて、関係各方面のご理解を頂くことが出来ました。同勉強会の議論を踏まえ、平成26年3月27日の議員連盟総会で、同議連提言としてとりまとめることが出来ました。その後、自民党内の手続きを経て、与党公明党にもご了解いただき、さらには野党各党に働きかけを行いました。途中、様々な折衝を重ねることになりましたが、最終的には国会においても与野党の議員の皆様にこの改正の趣旨を十分ご理解・ご賛同いただき、平成26年6月20日の会期末ギリギリのところで無事成立させることが出来ました。

　この法改正が実現できたのは、何よりも、自らの業界を良くしようという、設計三会をはじめとする建築設計業界の皆様の熱意によるものだと思っています。また、設計・工事監理の業に携わる皆様が、自信と誇

りをもって仕事が出来るための法改正を実現できたことを、私は誇りに思っております。

　この本をご覧いただいて、法改正に向けて、三栖邦博会長（当時）をはじめとする設計三会や建築設計業界の皆様が如何にご尽力いただいたかをご理解いただけると幸甚に存じます。

　建築設計業界の更なる発展と、設計・工事監理の業に携わる皆様の活動の環境整備に今後とも尽力させていただく所存です。

目　次

推薦の言葉
　　衆議院議員　　額賀　福志郎（自由民主党建築設計議員連盟会長）

刊行に当たって
　　衆議院議員　　山本　有二
　　（自由民主党建築設計議員連盟事務局長・設計監理等適正化勉強会座長）

第1章　我が国の建築士をとりまく現状
　1．建築士・建築士事務所数の推移 ……………………………………… 2
　2．建築設計三会の概要と主な活動と取組み ………………………… 4

第2章　建築士法の概要
　1．建築士法の概要 ………………………………………………………12
　2．建築士法のこれまでの主な改正経緯 ………………………………14

第3章　平成26年改正の経緯
　1．改正の経緯について …………………………………………………16
　2．改正の主な経緯（年表） ……………………………………………26
　3．建築物の設計・工事監理の業の適正化及び建築主等への
　　 情報開示の充実に関する共同提案（三会共同提案） ……………29
　4．建築物の設計・工事監理の業の適正化及び建築主等への
　　 情報開示の充実に向けて
　　 〜自由民主党建築設計議員連盟提言〜 ……………………………32

第4章　平成26年改正　建築士法の解説

1. 法律、政省令の解説（改正部分） ……………………………… 40
2. 法律、政省令の新旧対照表等 …………………………………… 70
3. 技術的助言 ………………………………………………………… 109
　　「建築士法の一部を改正する法律等の施行について（技術的助言）」
　　（平成27年6月24日付け国住指第1181号）
4. 平成26年改正　建築士法に関するQ&A ……………………… 119
　　○書面による契約締結の義務化について ……………………… 119
　　○一括再委託の禁止について …………………………………… 126
　　○適正な委託代金での契約締結の努力義務について ………… 129
　　○保険契約の締結等の努力義務について ……………………… 130
　　○建築士事務所の区分（一級、二級、木造）明示の徹底について … 131
　　○管理建築士の責務の明確化等について ……………………… 131
　　○建築士免許証の提示等について ……………………………… 132
　　○建築設備士に係る規定について ……………………………… 133
　　○暴力団排除規定について ……………………………………… 135
　　○所属建築士の登録・変更について …………………………… 136

第5章　建築士法改正の意義と建築士事務所のこれから

「建築士法改正の意義と建築士事務所のこれから」………………… 140
　　（第38回建築士事務所全国大会（平成26年10月3日）におけるシンポジウム）

第6章　参考資料

1. 建築関係団体作成の契約書類について ………………………… 150
2. 設計監理等適正化勉強会資料（第1回～第4回）……………… 160

あとがき

　　衆議院議員　盛山　正仁
　　（自由民主党建築設計議員連盟　設計監理等適正化勉強会事務局長）

第1章
我が国の建築士をとりまく現状

1．建築士・建築士事務所数の推移

① 建築士の登録状況

　平成27年3月31日現在、一級建築士 359,605人、二級建築士 751,659人、木造建築士 17,523人の合計1,128,787人（重複含む）の建築士が登録されています。

　ただし、建築士の資格は更新制ではなく、また、公務員や大学教員等直接設計を行わない職に就いている者もおり、このうち、実際に建築士事務所に所属して設計や工事監理の業務を行っている建築士は、現在、約22万人程度となっています。

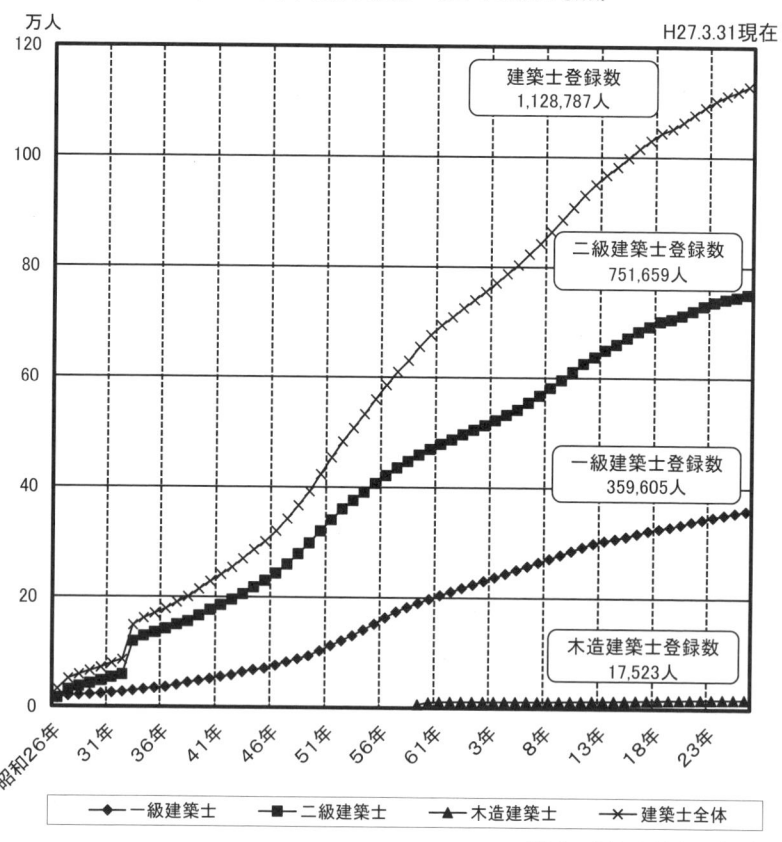

（出典：国土交通省　資料）

② 建築士事務所の登録数

平成27年3月31日現在、一級建築士事務所 79,322事務所、二級建築士事務所 27,402事務所、木造建築士事務所 308事務所の、合計107,032事務所が建築士事務所として登録を受けています。

建築士事務所数は、法改正のあった平成20年以降、平成23年にかけて大きく減少しており、近年は鈍化しているものの微減傾向となっています。

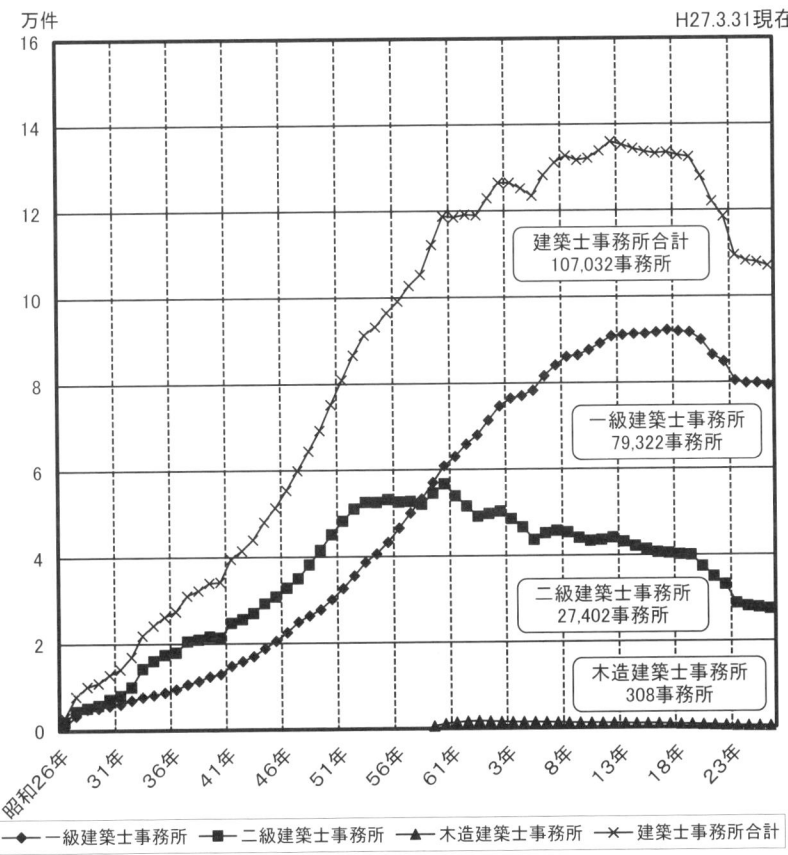

建築士事務所数の推移（各年度末時点）

（出典：国土交通省　資料）

2．建築設計三会の概要と主な活動と取組み

　建築士、建築士事務所を会員とする、建築設計に関する主要な組織として、公益社団法人日本建築士会連合会、一般社団法人日本建築士事務所協会連合会、公益社団法人日本建築家協会があります。
　これらの建築設計三会は、今回の法改正においても、基となる共同提案を行うなど大きな役割を果たしており、我が国の建築設計の適正化や質の確保に取り組んでいる団体です。

●公益社団法人　日本建築士会連合会
1）概　要
　　建築士の品位の保持及びその業務の進歩改善を図り、もって国土の整備、保全、地域社会の健全な発展、児童又は青少年の健全な育成、一般消費者の利益の擁護、及び建築文化の振興に寄与することを目的とした団体であり、都道府県ごとに設立されている建築士会で構成されている組織で、建築士法第22条の4によって定められた法人

2）沿　革
　　昭和27年7月　　設立
　　昭和34年2月　　建設大臣により社団法人認可
　　平成24年4月　　公益法人制度改革に伴い、社団法人より公益社団法人
　　　　　　　　　　へ移行

3）事業内容
　（1）建築士の社会的地位の向上、業務の進歩改善に関する施策
　（2）建築士法に規定する建築士に対する建築技術の研修
　（3）建築士法に規定する一級建築士登録等事務
　（4）建築に関する調査研究及び普及宣伝
　（5）会員の指導、会員相互の連絡及び協力並びに諸外国の同種団体との連絡及び協力
　（6）建築士の地域貢献活動に対する支援　　等

4）会員数
　　都道府県建築士会の会員数の合計　　81,945名（H27.3.31現在）

5）主な活動と取組み
　（1）建築士の資質向上の取組み

建築士事務所に所属する建築士だけでなく幅広い建築分野の建築士を対象に、建築士が備えるべき知識・技能についての研修を実施。また、CPD制度や「専攻建築士」制度により建築士の実績に関する情報提供を実施。
(2) 地域や行政との連携
　災害時の応急危険度判定士としての活動や、まちづくりや景観、防災・防犯対策等、地域の建築・まちづくり行政と連携して活動を実施。
(3) 建築や建築士業務に関する相談窓口
　全国の建築士会に相談窓口を設け、一般消費者や建築士を対象に、建築に関するさまざまな問題について、会員建築士による無料相談を実施。
(4) 建築に関する普及啓発活動
　建築設計を学ぶ高校生を対象とした「建築甲子園」の実施やホームページ等での情報発信を通じて、建築に関する普及啓発活動を実施。
(5) ヘリテージマネージャーの養成・活用
　地域に埋もれた文化的価値のある歴史的建造物を発掘・保存・活用し、地域の活性化に活かす能力を持った人材をヘリテージマネージャーと称し、講習会の開催など、その人材養成・活用の取組みを実施。
(6) 建築士に対する補償制度の提供
　設計業務におけるミスや施工ミス、工事中の事故等による損害賠償に対応した補償制度を会員に提供し、建築士の業務を支援。
(7) 一級建築士の指定登録機関
　建築士法第10条の4に基づく中央指定登録機関として、一級建築士の登録事務等を実施。

●一般社団法人　日本建築士事務所協会連合会
1）概　要
　　建築士事務所の業務の適正な運営と健全な発展及び建築士事務所に設計等を委託する建築主の利益の保護を図り、公共の福祉の増進に寄与することを目的とした団体であり、建築士事務所を会員として都道府県ごとに設立された社団法人である建築士事務所協会で構成される連合会組織で、建築士法第27条の2によって定められた法人
2）沿　革
　　昭和37年9月　　全国建築士事務所連合会として設立（11月に全国建築士事務所協会連合会と改称）
　　昭和50年5月　　建設大臣より社団法人許可
　　昭和55年4月　　社団法人日本建築士事務所協会連合会に名称変更
　　平成21年1月　　改正建築士法第27条の2の施行により法定団体となり、法定団体としての成立の届出を国土交通大臣に行う
　　平成25年4月　　公益法人制度改革に伴い、社団法人より一般社団法人へ移行
3）事業内容
　(1)　建築士事務所の業務に関し、設計等の業務に係る契約内容の適正化その他建築主の利益の保護を図るため必要な建築士事務所の開設者に対する指導、勧告その他の業務
　(2)　建築士事務所の業務に対する建築主その他の関係者からの苦情の解決
　(3)　建築士事務所の開設者に対する建築士事務所の業務の運営に関する研修及び建築士事務所に属する建築士に対する設計等の業務に関する研修の実施
　(4)　建築設計工事監理等の業務に関する調査研究
　(5)　建築士事務所の経営管理に関する調査研究　　等
4）会員数
　　都道府県の建築士事務所協会に加入している建築士事務所の合計
　　　　　　　　　　　　　　　14,857事務所（H27.3.31現在）
5）主な活動と取組み
　(1)　建築士事務所の業務についての建築主等からの相談・苦情の解決
　　　全国の建築士事務所協会に相談窓口を設け、建築士事務所の業務

に関する建築主等からの苦情について、相談・助言を行い、当該事務所の開設者に対し説明や資料の提出を求める等の業務を実施。また、苦情事例等をとりまとめ、トラブル予防のテキストを作成し、建築士事務所を対象とした講習会を開催。
(2) 建築士事務所の開設者等に対する研修・講習の実施
　　建築士事務所の開設者・管理建築士を対象とした建築士事務所の倫理、責務、業務の適正な運営に関する研修会や、建築士事務所に所属する建築士を対象とした設計等の業務に関する研修会等を実施。
(3) 設計等の業の適正化のためのツールの作成
　　設計等の業務に係る標準契約約款、重要事項説明解説書等の作成及び開設者への普及活動を実施。また、会員向けに事務所の業務管理ソフトを作成し、周知。
(4) 地震災害等の復興支援活動の実施
　　災害時の応急危険度判定士の派遣を行うとともに、復旧・復興の支援活動を実施。また、震災後の被災建築物の復旧を目的とした構造躯体の被災度区分判定や復旧技術を習得するための技術者育成の講習会を（一財）日本建築防災協会の協力により実施。
(5) 耐震診断、耐震改修に対応する相談窓口の設置
　　耐震改修促進法の改正に伴い、建物所有者等からの耐震診断、耐震改修の相談に応じる相談窓口を各県の建築士事務所協会に設置し、相談対応を実施。
(6) 設計等の業務についての啓発活動
　　日事連建築賞の実施やホームページでの情報発信を通じて、設計等の業務について啓発活動を実施。
(7) 建築士事務所の賠償責任保険の普及・促進
　　設計等の業務ミスによる損害賠償に備えた建築士事務所の賠償責任保険への加入促進及び補償内容の拡充の検討を通じて、建築士事務所に対して損害賠償への備えの必要性について啓発活動を実施。
(8) 建築士事務所の指定登録機関
　　建築士法第26条の3に基づき都道府県から指定を受けた指定事務所登録機関として、39都道府県の建築士事務所協会において建築士事務所の登録事務を実施。

●公益社団法人　日本建築家協会
1）概　要
　建築家の職能理念に基づいて、建築家の資質の向上及びその業務の進歩改善をはかることにより、建築物の質の向上及び建築文化の創造・発展に貢献し、以って公共の福祉の増進に寄与することを目的とした団体。

2）沿　革
　昭和62年5月　　設立
　平成25年4月　　公益法人制度改革に伴い、社団法人より公益社団法人へ移行

3）事業内容
⑴　建築物の質の向上に資するための施策の実施
⑵　都市建築に関する調査・研究
⑶　建築設計監理業務基準の制定
⑷　会員の資質及び技術の向上並びに建築家の育成に関する施策の実施
⑸　建築文化の向上に資する国際交流の推進
⑹　建築家とその組織に関する法制の調査・研究
⑺　建築行政への協力並びに提言
⑻　機関紙・誌の発行、図書の刊行及び資料の収集
⑼　その他、本会の目的を達成するために必要な事業

4）会員数
　　4,095名（H27.3.31現在）

5）主な活動と取組み
⑴　優れた建築物等の調査・研究の実施
　　歴史的な建築物の保存問題など、より良い建築・地域・環境が形成されるよう、他分野の専門家とも共同して調査研究活動を実施し、その成果をシンポジウムや出版等で社会に発信。
⑵　まちづくり・住まいづくりの支援
　　市民のためのまちづくりや住まいづくりに関するセミナー、まち歩き、建築相談等を実施。また、建築・まちづくりの専門家として行政に対する協力や提言等も実施。
⑶　次世代の育成や建築文化の啓発活動の実施

子供向けの環境や建築文化に関するワークショップの開催や、建築を学ぶ学生を対象としたセミナーや卒業設計コンクールの開催など次世代の育成活動を実施。また、日本建築大賞などの表彰制度により建築文化について情報発信を実施。

(4) 地震災害等の復興支援活動の実施

災害時の応急危険度判定の実施や復興についての助言等の支援活動や、災害予防の研究・活動を実施。

(5) 国際協力、国際連携活動の実施

国際建築家連合（UIA）の唯一の日本支部として、諸外国と、建築文化や実務的な建築技術の情報交換、人的交流を実施。

(6) 建築家の資質向上の取組み

CPDプログラムの実施や「登録建築家」制度により会員の建築家の資質向上の取組みを実施。また、「JIAの建築設計・工事監理契約」標準約款の策定など業務支援を実施。

第2章
建築士法の概要

1．建築士法の概要

建築士法（昭和25年法律第202号）は、建築物の設計及び工事監理等に携わる技術者の資格である「建築士」と、建築士が設計等の業務を業として行う「建築士事務所」に関する制度を定めた法律であり、設計等の業務の適正化を図り、我が国の建築物の質の向上を目的として、昭和25年に議員立法により制定されています。

1）建築士制度

(1) 建築士の業務独占

建築士でなければ、一定の建築物の設計又は工事監理をしてはならないこととなっており、建築士は業務独占を与えられた資格となっています。業務独占の範囲として、一級建築士、二級建築士及び木造建築士が設計又は工事監理を行うことができる建築物の規模・構造等が以下のように建築士法で定められています。

（建築士の業務独占の範囲）

延床面積 S（㎡）	高さ≦13mかつ軒高≦9m					高さ>13mまたは軒高>9m
	木造			木造以外		
	平屋建	2階建	3階建	2階建以下	3階建	
S≦30㎡	建築士でなくてもできる			建築士でなくてもできる		
30㎡<S≦100㎡						
100㎡<S≦300㎡	①一級・二級木造建築士でなければならない					
300㎡<S≦500㎡	①一級・二級建築士でなければならない					
500㎡<S≦1000㎡						
	特殊					
1000㎡<S	①一級・二級建築士でなければならない			①一級建築士でなければならない		
	特殊					

（注）「特殊」とは学校、病院、劇場、映画館、観覧場、公会堂、オーデイトリアムを有する集会場、百貨店

(2) 建築士の行う業務

建築士は、設計、工事監理のほかに、建築工事契約に関する事務、建築工事の指導監督、建築物に関する調査又は鑑定、建築物の建築に関する法令又は条例の規定に基づく手続きの代理等の業務を行うことができることとされています。

(3) 構造設計一級建築士・設備設計一級建築士

　一級建築士のうち、より高度で専門的な知識及び技能を持つ者として、構造設計一級建築士、設備設計一級建築士が位置づけられており、一定の建築物の構造設計又は設備設計については、構造設計一級建築士又は設備設計一級建築士の関与が義務づけられています。

(4) 建築士の義務等

　建築士の職責として、「常に品位を保持し、業務に関する法令及び実務に精通して、建築物の質の向上に寄与するように、公正かつ誠実にその業務を行わなければならない」とされており、設計等の業務にあたっては、設計図書への記名押印の義務や、名義貸しや違反行為の指示等の禁止、定期講習の受講義務などが規定されています。

2）建築士事務所制度

(1) 建築士事務所の登録

　建築士又は建築士を使用する者は、他人の求めに応じ報酬を得て、設計、工事監理等を業として行おうとするときは、建築士事務所を定めて都道府県知事の登録を受けなければならないことが建築士法で規定されています。このため無登録で設計等の業務を行うことは禁じられています。

　なお、建築士事務所は、業務を行う建築士の資格の種別に応じて、一級建築士事務所、二級建築士事務所、木造建築士事務所の区分があります。

(2) 管理建築士の設置

　建築士事務所の開設者は、建築士事務所の業務を適切に管理するため、建築士事務所ごとに、その建築士事務所の業務に係る技術的事項を総括する専任の管理建築士を置かなければならないとされています。

(3) 適正な業務の実施

　建築士事務所における設計等の業務の適正な実施を確保するため、他人への名義貸しの禁止や再委託の制限、建築主への重要事項説明や事務所での書類の閲覧等について規定されています。

2．建築士法のこれまでの主な改正経緯

昭和25年	建築士法公布
昭和26年	建築士の業務独占範囲の明確化等
昭和30年	建築士事務所登録制度の整備等
昭和32年	建築士会・建築士会連合会の法定化等
昭和58年	木造建築士の創設
	建築設備士制度の導入
	指定試験機関制度導入
	管理建築士の権限の明確化（開設者への意見具申）等
平成9年	委託者への設計内容の説明の努力義務化
	委託内容に関する建築主への書面交付の義務化
	業務実績等の書類の閲覧の義務化
	指定法人制度の導入（建築士事務所協会の指定）等
平成18年 （建築基準法等の一部改正）	構造安全証明書の交付義務化
	業務報告書の提出義務化
	建築士免許の欠格事由及び建築士事務所の登録拒否事由の厳格化
	処分を受けた建築士の氏名の公表
	罰則の強化等
平成18年	建築士試験の受験資格の見直し
	所属建築士に対する定期講習の受講の義務化
	構造設計一級建築士及び設備設計一級建築士制度の導入
	管理建築士の要件の強化（実務経験及び講習受講）
	建築士事務所の開設者以外への再委託の禁止
	一定規模の共同住宅の設計等の一括再委託の禁止
	重要事項説明の義務化
	建築士名簿の閲覧制度の導入
	指定登録機関・指定事務所登録機関制度の導入
	建築士事務所協会及び建築士事務所協会連合会の法定化等

第3章
平成26年改正の経緯

1．改正の経緯について

(1) 設計三会による共同提案

　今般の建築士法改正のきっかけは、建築設計に関する団体である、公益社団法人日本建築士会連合会（以下「士会連」という）、一般社団法人日本建築士事務所協会連合会（以下「日事連」という）、公益社団法人日本建築家協会（以下「JIA」という）の三会（以下「設計三会」という）により、設計等の業の適正化と建築主等への情報開示の充実に関する共同提案がとりまとめられたことです。

　平成24（2012）年に日事連において「（仮称）建築士事務所法の提案」をとりまとめたのが、この設計三会の共同提案のとりまとめに至る動きの始まりです。かねてから日事連では、建築設計・工事監理業の確立に向けて、建築士法とは別の、いわゆる「業法」の制定に取り組んできましたが、その検討結果をとりまとめたものがこの事務所法の提案です。日事連は、この提案を関連団体や国土交通省に説明を行うだけではなく、平成25（2013）年2月の自由民主党建築設計議員連盟[1]総会においても建築士事務所法制定の要望を行いました。

　この建築士事務所法の提案内容を実現するためには、設計関連団体での意見をとりまとめることが必須である、という認識のもと、翌3月に設計三会において意見交換会を設置し、日事連だけではなく各会の提案内容を俎上に載せて、合意できる事項は何かについての検討を開始しました。この検討の結果、建築士法から独立した建築士事務所法という形ではなく、建築士法の枠内での改正により設計等の業の適正化を図っていくこととされ、同年11月7日に「建築物の設計・工事監理の業の適正化及び建築主等への情報開示の充実に関する共同提案」がとりまとめられ、設計三会の合意として公表されました。

　この共同提案は、無登録業務の禁止の徹底や書面による業務契約の締結の義務化など設計・工事監理の業の適正化に係る7項目の提案と、建築主等への情報開示の充実等に係る4項目の提案から構成されています。設計三会は、この共同提案について、国土交通大臣に法改正の実現を要望したほか、建設関係団体に対して提案内容の説明を行

---

[1] 会長は額賀福志郎衆議院議員、事務局長は山本有二衆議院議員。

(2) 自由民主党建築設計議員連盟における検討、提言のとりまとめ

　日事連の三栖邦博会長（当時）をはじめとする設計三会からこの共同提案実現のご要望を受けた自由民主党山本有二議員は、額賀福志郎衆議院議員と相談して自民党建築設計議員連盟で具体的な法案の検討を進めることとし、平成25（2013）年12月6日に同議員連盟総会を開催しました。この総会には、同議員連盟に所属する議員に加え、設計三会、国土交通省が参加しており、設計三会の共同提案について三栖邦博日事連会長、三井所清典士会連会長、芦原太郎JIA会長から説明を受けて意見交換が行われ、同議員連盟の下に勉強会を設置して実現に向けた検討を行うことを決定致しました。

　同議員連盟に設置された設計監理等適正化勉強会[2]は、平成26（2014）年1月から4回にわたって開催され、議員だけではなく、設計三会、国土交通省、関係団体等が出席して、共同提案の内容の法制化に向けて議論を重ねました。第1回の勉強会は1月22日に開催され、設計三会から共同提案の内容の具体的な説明を伺い、これに対する国土交通省の基本的な考え方を聞き、次回以降に関連団体からヒアリングを行うこととしました。第2回の勉強会は翌2月12日に開催され、建築士を取りまく問題点と法改正の必要性について、関連団体からのヒアリングを行いました。一般社団法人全国中小建築工事業団体連合会と一般社団法人住宅生産団体連合会が出席して、工事施工と併せて設計等を請け負っている工務店等の従来の事業形態に影響があることから、無登録業務の禁止、一括再委託の禁止、書面による契約等についての懸念が述べられ、質疑応答を行いました。第3回の勉強会は同月19日に開催され、第2回に引き続き関連団体からのヒアリングを行いました。一般社団法人日本建設業連合会、一般社団法人日本建築構造技術者協会、一般社団法人日本設備設計事務所協会が出席して、書面による契約、無登録業務の禁止等に懸念が述べられ、また、建築設備士を法律に規定すべきである等の提案がなされ、質疑応答を行いました。その後、2週間たらずの間に、議員連盟、国土交通省、

---

[2] 座長は山本有二衆議院議員、事務局長は盛山正仁。

設計三会と関係団体の意見調整を行いました。第4回の勉強会は翌3月5日に開催され、これまでの3回の議論、設計等の業態の実態を踏まえ、書面による契約等については300㎡超に限定する等の共同提案への制度的な対応案、その他の諸課題への対応を提示し、出席者の合意を得ることができました。

　この4回の勉強会での検討を踏まえて開催した、平成26（2014）年3月27日の同議員連盟総会において、「建築物の設計・工事監理の業の適正化及び建築主等への情報開示の充実に向けて〜自由民主党建築設計議員連盟提言〜」が採択され、この提言をもとに、設計等の業の適正化を早期に実現するため、開会中の通常国会において建築士法の改正を議員立法によって進めていくことが合意され、その進め方、法案については額賀会長に一任することとされました。

(3) 建築士法改正法案の作成

　設計等の業の適正化を早期に実現するためには、開会中の第186回通常国会[3]の会期末までに建築士法の改正法を成立させなければなりません。

　政府提出法案の場合には、通常は、ある年の8月末までに翌年1月に召集される通常国会にどのような法案を提出するかを固めて与党の了承を得て[4]、そのそれぞれの法案については翌年1月初めまでに骨子を固め[5]、予算関連法案なら2月中旬までに閣議決定を、非予算の法案なら3月中旬までに閣議決定をしなければ、法案を国会に提出することはできません[6]。

　なぜならば、一般的には通常国会は1月の20日過ぎに召集され、会期は150日間ですから、6月下旬が会期末となります。通常国会冒頭には総理の施政方針演説が行われ、引き続き各党からの代表質問がなされます。その後、翌年度予算審議に移り、3月中成立を目指して衆議院、参議院の順で予算案の審議がなされます。3月上旬に衆議院で

---

[3]　会期は平成26（2014）年1月24日〜6月22日の150日。
[4]　国土交通省の法案であれば、自民党政務調査会国土交通部会と公明党国土交通部会の了承が必要です。
[5]　政府内の「文書課長等会議」での了承が必要です。
[6]　例えば、同じ第186回国会に提出された「建築基準法の一部を改正する法律案」の場合には、平成26年3月7日に閣議決定され、同月13日に国会（参議院）に提出されています。

予算が可決されて参議院に送付されると、参議院の予算審議の合間をぬって、法案の審議が始まるからです。

衆議院で法案を可決すると参議院に送付するのですが、会期末と参議院での審議時間を考慮すると、衆議院では6月初めをめどに法案を可決しなければ、成立は困難になります。

政府提出法案を審議した後に議員立法の審議が行われるのが通例ですので、政府提出法案に比べて議員立法の法案を固める締め切りのタイミングは遅いのですが、それにしても5月中旬には国会に提出する準備を整えなければ、その国会で成立させることは難しいということになります。

3月27日の議員連盟総会での決定を受けて、衆議院法制局の助けを得ながら、勉強会事務局長である盛山が法案作成にかかりきりとなって、建築士法の改正法案の作成を行いました。国土交通省住宅局、設計三会等と法案の細部について連日ご相談をしながら、3週間で成案をとりまとめましたが、これ以降、日事連をはじめとする設計三会、国土交通省住宅局とお目にかかって打ち合わせをする毎日が続きました。

まず、私が所属する第一党である「自由民主党」から法案手続きを開始しました。4月17日（木曜日）8時からの自民党政務調査会国土交通部会に盛山が出席して法案の概要を説明し、翌週の4月22日（火曜日）8時からの国土交通部会に額賀会長以下が出席して了承を得ました。

自民党の部会を通過すると、次は連立与党である「公明党」です。4月22日（火曜日）に公明党の国土交通部会長である伊藤渉衆議院議員に法案をご説明すると、4月24日（木曜日）に伊藤議員が公明党の党内手続きを進めてくださり、この案で野党説明を始めて欲しいと、公明党の了承を得ることができました。

4月以降6月20日まで、自民党、公明党の多くの関係議員、そして後述する野党の関係議員に、日事連をはじめとする設計三会の先生、住宅局の局長以下の皆様は、建築士法改正に向けて毎日議員会館の中を走り回ってくださいましたが、この皆様のご尽力がなければ、この法改正が成立しなかったことは間違いありません。

第3章　平成26年改正の経緯

(4) 議員立法と政府提出法

　これで、与党を固めることができましたので、今度は野党へのアプローチです。議員立法は数多く提案されるのですが、その多くは審議すらされず廃案になってしまいます。それは、「法案を吊るす」というのですが、議院運営委員会で各委員会に付託をして、各委員会の理事会で合意する法案でなければ、実際には法案審議がなされないからです。そのため、議員立法で成立させようとすると、事前に野党各党にも説明し、了解を得ておかないと法案審議にたどり着かないのです。逆に、各党の合意が得られる法案であれば、例えば自民党の議員有志の提案ではなく、衆参の委員会の委員長提案という形で提案され、審議を省略して採決するということが通例となっています。そのような背景がありますので、議員立法の場合は、野党各党への根回しと合意を得ることが何よりも重要なのです。

　ここが、政府提出法案（「閣法」と呼ばれます。）との大きな違いで、閣法の場合は各省折衝をして法案をまとめるのが大変ですが、いったん閣議決定されれば、野党が反対する内容の法案であっても、後は与党が国会審議に責任を持ってくれます。しかし、議員立法（「議法」と呼ばれます。）の場合は、各省折衝がないので法案をまとめるところまでは相対的に楽なのですが、「どうして俺たちが自民党の手柄をあげる手助けをしなければならないんだ。」と反対する野党各党のジェラシーを抑えて、説得するのが大変なのです。私が役人の時には各省折衝で何度も涙を飲んだことがあり、「閣法を提出するのは大変だけれど、議法には各省折衝がないので楽で良いな。」と思っていました。しかし、議員になってみると、議法には野党の説得というハードルがあり、野党各党に頭を下げて了解を得るのはそう簡単なことではありません。閣法、議法共に汗をかく場所が違うだけで、法律を成立させるのはどちらも一仕事です。

(5) 野党との調整

　与党の了解が得られたので、連休入り直前の4月25日（金曜日）に、主だった野党各党で建築士法改正を担当する窓口となる議員に法案を渡して、「検討をしてくださいませんか。」とお願いに回りました。
　連休が明けた5月7日（水曜日）には早速、山本有二議員と今後の

野党との折衝について打ち合わせを行い、その後、三栖会長他の日事連の皆様と野党への根回しについて打ち合わせを行いました。自民党の国会対策委員会の国土交通省担当副委員長である大塚高司衆議院議員にご相談の上、「国会の会期末まで一か月ちょっとしかなくなりましたので、そろそろ御党の党内手続きをよろしくお願いします。」と各党の窓口議員に頭を下げて回ったのですが、「連休で他の議員に話ができていない。」「他の案件が詰まっており、まだそこまで順番が来ていない。」とつれない返事です。「そうかもしれませんが、会期中に成立をさせるには、もうお尻に火がついてきていますので、是非ご説明の機会をください。」と、米つきバッタのようにお願いをして野党各党を回りました。

　やっと翌週の5月13日（火曜日）に「日本維新の会」の幹部の議員お二人にご説明の後、同日17時に同党の道州経済部会で法案の説明を行い、さらに、15日（木曜日）に同党の参議院議員にご説明を行いました。翌週の22日（木曜日）に「日本維新の会としてはとりあえず了承したが、正式な返事は追ってするから。」との連絡をいただいたのですが、その後、窓口の井上英孝衆議院議員となかなか連絡がとれなくなってしまいました。というのも、結いの党との合流をめぐって橋下徹、石原慎太郎両共同代表が対立して、5月28日（水曜日）に日本維新の会を分党することになり、同党所属議員全員にどちらの側につくかの面接を開始したので、日本維新の会の動きは全くストップしてしまったからです[7]。

　5月15日（木曜日）の8時30分には、「みんなの党」の部会で法案の説明を行い、5月21日（水曜日）と6月3日（火曜日）に幹部の議員に再度ご説明を行い、後日、了承のご連絡をいただきました。

　5月23日（金曜日）の9時には、「結いの党」の部会で法案の説明を行い、後日、了承のご連絡をいただきました。

　5月16日（金曜日）には「社会民主党」の吉田忠智党首に法案のご説明に伺い、後日、了承のご連絡をいただきました。

　5月21日（水曜日）には「日本共産党」の幹部の議員に法案のご説明に伺いました。窓口をお務めの議員は懇意にしていただいている議

---

[7]　正式回答が届いたのは、衆議院国土交通委員会に提案される6月11日の前日でした。

員なのですが、仕事ですので、「今頃こんな法案を持ってきても十分議論する時間がないから困る。難しい。帰ってくれ。」と普段とは異なるつれない対応を受けることになりました。その後、「共産党さんは了解ですよね？」と何度尋ねても色よい返事が返ってきませんでした。

5月14日（水曜日）には「生活の党」の小宮山泰子議員にご説明に伺い、5月21日（水曜日）にご了承の連絡をいただきました。

6月4日（水曜日）には「新党改革」の荒井広幸代表にご説明に伺い、その場でご了承を得ました。

ご理解を得るのが一番大変だったのは「民主党」でした。同党には5月13日（火曜日）と15日（木曜日）に幹部の議員にご説明を行い、会期末（6月22日）まで一か月となった5月22日（木曜日）の国土交通部門会議で盛山から法案説明を行いましたが、なかなか前に進みませんでした。

自民党国対の大塚議員からは、「自民党内では建築士法改正よりも後に国土交通部会を通った宅地建物取引業法改正の方が民主党の合意を得て、衆議院国土交通委員会に先に提案されることになりそうだ。」との情報も入ってきました。「民主党が政権与党の時に提案しようとした宅建業法改正は成立させられないままであったので、この国会で成立させることに合意する。しかし、建築士法改正は今国会で急に出てきた話でもあり、あわてて通す必要はない。次回以降の国会に回せば良い。」という動きになっているようでした。

これはいかんと、山本有二議員にご相談して、山本議員から、自民党の佐藤勉国会対策委員長と民主党の松原仁国会対策委員長に「今国会中での成立に協力して欲しい。」と連絡をして頂いてやっと、5月28日（水曜日）に1名、29日（木曜日）に3名、6月3日（火曜日）1名、5日（木曜日）に1名と、国会対策委員長をはじめとする民主党幹部の議員にご説明を行うことができました。

また、日事連にも連絡をして、三栖会長以下、設計三会の先生方に、野党の議員に個別にアポをとっていただいて、毎日議員会館を回って、法案成立の必要性をご説明していただきました。特に今国会中の成立に難色を示している民主党の議員に対しては、当該議員の選挙区がある日事連の都道府県の単位会の会長他の先生にわざわざ上京

していただいて、個別にご説明と説得を重ねていただきました。さすがに選挙区の有力な有権者である日事連の先生方からご説明を受けると、ご自身が反対であるとは言えなくなり、「私は良いのだが、○○さんがね。」、「他の先生がウンと言わないんだよ。」と言い訳をするようにトーンダウンしていきました。

　民主党へのアプローチが相当進んだところで、公明党の伊藤議員と相談して、5月27日（火曜日）17時から公明党は国土交通部会を開催して法案の正式な承認を行ってくださいました。6月3日（火曜日）に、自民党は10時から政調審議会、11時から総務会に諮って了承を頂き、公明党も午後の政調全体会議でご了解をいただき、同日17時からの与党政策責任者会議で了承していただき、これで与党の手続きを終了させることができました。

(6) 国会審議

　会期末をにらんで具体的に衆議院の国土交通委員会の日程を決めなければならない時期となり、自民党の国対から、「野党各党は本当に大丈夫か？」「了承したと確実に言っているんだろうな？」と念を押されました。設計等の業を適正化し、消費者への情報開示を充実するという、法改正の内容や意義については、どの党からも特段異論は聞かれず、賛同を得られるようになってきたのですが、その時点で正式なお返事がなかった各党に連絡をとりました。共産党は、なかなかお返事をいただけなかったため、再度窓口の議員にお願いに伺うと、「わかったよ。仕方がないな。了承した。」とのありがたいお返事をいただきました。次に維新の会に連絡するのですが、何しろ分裂することが決まっているからか、井上議員の議員会館に電話をかけても「先生とは連絡が取れません。」、同議員の携帯に電話してもつながらず、ヤキモキしました。衆議院国土交通委員会に提案される6月11日（水曜日）の前日になって、やっと正式回答が届き、ホッとしました。

　懸案の民主党ですが、上述の通り、反対していた民主党の議員を日事連の先生方が個別撃破していただいたお蔭で、法案そのものには反対と言わなくなり、6月上旬に民主党の国土交通部門会議で了解が得られたとの情報が入ってきたのですが、今度は「衆参の国土交通委員会での法案審議が詰まっているので、国会での審議が困難な見込みと

なっている。審議が無理なら、難しいね。」と難癖をつけてきたのです。

限られた国会会期の中で国土交通委員会に提出されている閣法、議法の法案が多数ありますので、建築士法改正の審議日程をどこに入れるかの調整が必要になるのですが、「建築士法改正を行う審議日程がない。」と言ってきて、会期末ギリギリまで難航することになりました。

山本有二議員から額賀会長と衆議院国土交通委員長である梶山弘志議員に連絡をとっていただき、6月6日（金曜日）に私からも額賀会長と梶山委員長に現状についてご報告をさせていただきました。同日、梶山委員長が参議院の国土交通委員長である民主党の藤本祐司議員を訪ねて直談判をしていただき、その翌週に衆議院で提案し、採決して参議院に送付することで何とか折り合いをつけてくださいました。

翌週6月11日（水曜日）の衆議院国土交通委員会には、「建築士法の一部を改正する法律案」が委員長より提案され、全会一致で可決されました。また、委員長提案に先立つ一般質疑において、今回の改正法の内容に関する質疑も行われました[8]。13日（金曜日）の衆議院本会議において、同法律案が提出され、国土交通委員長による趣旨及び内容説明の後、全会一致で可決して参議院に送付されました。これで、後は参議院だけとなりました。

いよいよ会期末の週となったのですが、参議院では野党から「次の国土交通委員会に議員立法を2本も委員長提案で提出するのは多すぎる。あまりにも審議がおざなりだと批判される。建築士法は次期国会に回してくれ。」と、この期に及んで、また足を引っ張る動きが出てきました。衆議院の自民党と民主党の国対委員長間で話がついていたはずだったのですが、「衆議院は衆議院。ここは参議院。」と参議院は独自の動きをなさいます。あわてて、額賀会長、山本有二議員に相談して、参議院の国会対策委員会の議員の下に走りました。

その結果、何とか19日（木曜日）の参議院国土交通委員会に提案さ

---

[8] 委員長提案の法案は審議を省略するのが慣例となっています。そのため、委員長提案の前の「一般質疑」の際に、提出される法案の内容について質疑を行うことがありますが、今回の建築士法改正は、このようなやり方をとったのです。

れ、翌20日（金曜日）の参議院本会議において同法律案について全会一致で可決され、「建築士法の一部を改正する法律案」が成立し、ホッとしました。本当に可決されるだろうかと、議員会館で院内中継のテレビを見ていた額賀会長以下の議連メンバーは、参議院本会議で可決された19時10分頃までハラハラドキドキし通しでした[9]。国会の会期は6月22日まででしたが、22日は日曜日であったため、20日の金曜日が実質的な最終日であり、まさに会期末ギリギリで法案が成立したわけです。

翌週の6月27日（金曜日）に「建築士法の一部を改正する法律（平成26年法律第92号）」が公布され、掲載された官報を見て、「本当に良かった」と喜びが込み上げてきました。最後まであきらめずに成立を目指して頑張ったお蔭だと嬉しく思いました。

---

[9] 建築士法と同じ第186回国会で、私が手掛けた九段会館を建て直す議員立法は、会期末の6月18日（水曜日）13時からの衆議院厚生労働委員会、19日（木曜日）12時からの衆議院本会議で可決されて参議院に送付されました。しかし、自民と民主の国対委員長間で「衆議院は18日の委員会、19日昼の本会議、参議院は同日午後の委員会、20日の本会議にかけて成立させる。」と合意していたにもかかわらず、参議院の厚生労働委員会で「議員立法が多すぎる。次回に回すが、次期臨時国会冒頭で必ず成立させるから。」とされ、19日午後の参議院厚生労働委員会にはかけられませんでした。

9月29日に召集された第187回臨時国会は11月30日までの63日の会期でしたが、会期末が近づいた11月に入ってもなかなか取り上げられず、ヤキモキしました。安倍総理が衆議院を解散するという動きが表面化し、緊迫した状況になって、あわてて動き出したのです。

11月18日（火曜日）14時からの参議院厚生労働委員会で提案・可決され、翌19日（水曜日）10時からの参議院本会議で可決されました。普通なら、衆議院と参議院で可決されると成立するのですが、今回は同一国会内の両院の可決ではなく、会期をまたがったため、再度衆議院における可決が必要となったのです。19日（水曜日）に参議院から衆議院に送付された直後の12時20分からの衆議院厚生労働委員会で可決され、21日（金曜日）の13時から開催された衆議院本会議で13時05分に可決されて、やっと成立しました。衆議院が解散されたのは11月21日の13時10分ですから、解散直前のギリギリで可決・成立した最後の法律2本のうちの1本となりました。このように、「次の国会で必ず。」という約束はあてにならないのです。

2．改正の主な経緯（年表）

平成24年	6月	日本建築士事務所協会連合会が「（仮称）建築士事務所法の提案」をとりまとめ
平成25年	2月20日	自民党建築設計議員連盟・総会 　日本建築士事務所協会連合会より、（仮称）建築士事務所法の制定について提案
	3月〜11月	日本建築士事務所協会連合会、日本建築士会連合会、日本建築家協会の三会において「建築士事務所法」の提案事項について意見交換を実施（8回会合開催）
	11月7日	三会共同提案「建築物の設計・工事監理の業の適正化及び建築主等への情報開示の充実に関する共同提案」合意
	11月22日	三会共同提案　記者発表
	12月2日	三会が国土交通大臣へ共同提案の実現を要望
	12月6日	自民党建築設計議員連盟・総会 　三会共同提案についての説明・意見交換 　山本有二議員を座長とする勉強会を設置して検討することを了承
平成26年	1月22日	第1回設計監理等適正化勉強会 　三会共同提案の提案内容説明、国土交通省の基本的な考え方の説明
	2月12日	第2回設計監理等適正化勉強会 　現状の問題点と法改正の必要性の検討 　関連団体よりヒアリング（全国中小建築工

	事業団体連合会、住宅生産団体連合会）
2月19日	第3回設計監理等適正化勉強会 関連団体よりヒアリング（日本建設業連合会、日本建築構造技術者協会、日本設備設計事務所協会）
3月5日	第4回設計監理等適正化勉強会 共同提案への制度的な対応案、その他の諸課題への対応の提示
3月27日	自民党建築設計議員連盟・総会 「建築物の設計・工事監理の業の適正化及び建築主等への情報開示の充実に向けて～自由民主党建築設計議員連盟提言～」の採択 提言をもとに議員立法による建築士法改正を進めていくことを確認
3月～4月	衆議院法制局において改正法案の作成
4月22日	自民党国土交通部会で了承
4月24日	公明党国土交通部会で了承
5月7日～	野党への説明 民主党、みんなの党、日本維新の会、共産党、社会民主党、生活の党、結いの党
6月3日	自民党政調審議会・総務会、公明党政調全体会議 与党政策責任者会議

	6月11日	衆議院国土交通委員会において建築士法改正法案が委員長提案され全会一致で可決
	6月13日	衆議院本会議において建築士法改正法案が全会一致で可決
	6月19日	参議院国土交通委員会において建築士法改正法案が全会一致で可決
	6月20日	参議院本会議において建築士法改正法案が全会一致で可決 建築士法改正法が成立
	6月27日	建築士法の一部を改正する法律(法律第92号) 公布

3．建築物の設計・工事監理の業の適正化及び建築主等への情報開示の充実に関する共同提案（三会共同提案）

建築物の設計・工事監理の業の適正化及び建築主等への情報開示
の充実に関する共同提案

平成25年11月7日

公益社団法人　日本建築士会連合会
　　　会　長　　三井所　清典

一般社団法人　日本建築士事務所協会連合会
　　　会　長　　三栖　邦博

公益社団法人　日本建築家協会
　　　会　長　　芦原　太郎

提案の主旨

- 安全・安心で良質な建築物の整備に設計・工事監理の業務は重要な役割を果たしているが、これらの業務を遂行する上で設計・工事監理に関する業のあり方や建築主等への情報開示のあり方等について、建築三会が共同して検討を行い、以下の提案をまとめた。
今後、国民にわかるよう法の改正について検討され、提案する事項について法制度として実現されることを要望するものである。

《設計・工事監理の業の適正化関係》

現状認識

- 建築物に関する現行の法制度では、設計・工事監理等の業務を行う建築士と建築士事務所の役割と責任が未だ不明確であり、このため、以下に示す様々な実態が生じ、ひいては建築紛争の増大・長期化等の社会的問題が引き起こされている。
- 最高裁の調査報告書では契約責任の不明確に起因する建築紛争の訴訟は依然多く、その処理は長期化している。消費者保護の観点から適切な対応を行うためにも、契約のあり方を含めた制度の改善が望まれている。
- 現状の問題点は以下の通りである。

1．無登録の業務
　・現行法では、一定規模以上の建築物の設計・工事監理の業務は建築士でなければ行うことはできないが、建築士のいない無登録の者が報酬を得て業として受託し、建築士事務所へ丸投げ（一括再委託）して実施している実態があり、規制が十分でない。

2．丸投げ（一括再委託）
　・現行法では建築士事務所から他の建築士事務所への設計・工事監理の丸投げは共同住宅のみ禁止されているが、その他の建築物は丸投げが認められており、責任の所在が不明確である。

3．業務契約
　・現行法では設計・工事監理の受託に際し、建築士事務所から建築主への重要事項説明と書面交付の制度があるが、当事者間の合意内容を証する書面による契約が義務化されていないため、紛争が生じやすい。
　・最高裁の調査報告書でも建築紛争の多くで契約が書面でなされていない、あるいは必要な取り決めがなされていないなどの指摘がされている。

4．契約当事者の責務
　・法令の遵守、建築物の品質の確保については建築士事務所だけでは解決できない問題も多い。
　・また、設計等の業務の質を確保するために必要な作業の量とその報酬が確保できない実態がある。
　・建築主及び建築士事務所の双方が協力して良質な建築物が実現できるような社会的認識が定着していない。

5．管理建築士の役割
・現行法では事務所を管理する管理建築士の役割は「技術的事項の総括」とされているが、その具体的内容が明示されていないため役割と責任が不明確である。
6．業に関する消費者保護
・建築士事務所の設計等の業務に係る損害賠償保険については加入率が低い状況であり、消費者保護の観点から加入の促進が必要である。
・また、建築紛争の増加や長期化に対応するため設計等の業務に係る紛争を短期間に解決できる仕組が求められている。
7．建築士事務所の名称
・建築士事務所の登録時の名称は都道府県によって級別の明示が行政指導されているところが多いが、全国で統一されていないため、設計等を依頼する消費者にはわかりにくいものとなっている。

提案する事項

1．**無登録業務の禁止の実効化**
○設計・工事監理の業務は、建築士事務所の登録をした者でなければ他人の求めに応じ報酬を得て業として行うことができないことを徹底させる。　　　　　　　　　　　徹底

2．**一括再委託の禁止**
○設計・工事監理の業務の一括再委託（丸投げ）は、業務の質の低下を招き、責任の所在が不明確となり、結果的に建築主及び社会に不利益になるため、これをしてはならないものとする。　拡充

3．**書面による業務契約の締結の義務化**
○建築士でなければ行うことができない設計・工事監理の業務は、建築主（委託者を含む）と建築士事務所の開設者が直接、対等で公正な契約を締結し、書面にして相互に交付しなければ行うことができないものとする。　　　　　　　　　　　　　　　　　　　　　　　　　　　　　　新規

4．**業務契約に当たっての契約当事者の責務の明確化**
○建築主及び建築士事務所の開設者は、法令を遵守し、安全・安心で良質な建築物が実現できるよう国土交通大臣の定める報酬基準に準拠した適正な代価で契約の締結に努めなければならないものとする。　　　　　　　　　　　　　　　　　　　　　　　　　　　　　　　　　　　新規

5．**管理建築士の責務の明確化**
○管理建築士が責任を持つ技術的事項の総括の具体的内容を明確にする。開設者と管理建築士が同一でない場合には、開設者は必要な責任と権限を管理建築士に与えなければならないものとし、開設者は業務契約締結前に管理建築士の意見を聴取し、その意見を尊重しなければならないものとする。　　　　　　　　　　　　　　　　　　　　　　　　　　　　　　　　　　　　　　拡充

6．**設計・工事監理の業に関する消費者保護等の充実**
○建築士事務所の開設者は、設計等の業務に関し生じた損害を賠償するため、保険契約等の措置を講ずるよう努めなければならないものとする。　　　　　　　　　　　　　新規
○設計等の業務に関するトラブルが生じた場合に裁判によらず短期間で解決できるような仕組を整備する。　　　　　　　　　　　　　　　　　　　　　　　　　　　　　　　　　新規

7．**建築士事務所の登録時の名称のルール化**
○消費者等に、建築士事務所の級別が明確にわかるよう、建築士事務所の登録（更新を含む）の際の建築士事務所の名称に一級、二級、木造の別を明示するものとする。　　　　拡充

《建築主等への情報開示の充実等》

現状認識

・需要が増大する建築リフォームなどで、建築士なりすまし事案のトラブルが相変わらず発生している。消費者に対する建築士資格等の情報開示の方法等が十分でない。
・建築士名簿の閲覧は建築士会に限られている。また、5年前から紙の免許証に代わり採用された本人の顔写真付き携帯カード型の免許証明書の活用が十分でない。
・消費者団体から、カード・インターネット社会に対応した簡明で利便性の高い情報開示の方法等が望まれている。
・現状の建築士名簿は、死亡と推定される建築士が相当数登録されているなど、最新情報で構成されていないため、建築士の実態が把握できない。
・改正建築士法の5年間の施行状況を踏まえ、消費者への情報開示の他、建築士定期講習制度について、所要の見直しが必要。

提案する事項

1．建築士資格等の情報開示方法の充実
　○資格確認等の利便性を高めるためインターネットにより所要の情報を開示する。　　　【新規】
　○建築士に業務を依頼する者から請求があれば、当該建築士は本人確認が容易な顔写真付き免許証明書等を提示するよう努めなければならないものとする。　　　【新規】

2．建築士免許証明書の改善
　○本人照合などを定期的に行い、常に最新の情報を建築士名簿に完備するため、免許証明書に有効期間（5年）を導入する。　　　【新規】
　○免許証明書の記載事項を追加し、消費者や保持者の利活用の利便性を高める。　　　【拡充】
　○免許証及び免許証明書の有効期間付きの免許証明書への変更・統合を進める。　　　【拡充】

3．定期講習の見直し
　○建築関係法令の改正時期の間隔を勘案し、受講期間を延長する（3→5年）。　　　【省令改正】
　○建築士会及び建築士事務所協会も登録講習機関となれるよう登録要件を見直す。　　　【拡充】

4．建築士免許証明書と定期講習の連動
　○免許証明書の有効期間と定期講習の受講期間を同一の期間とし、免許証明書に定期講習受講の有無を明記することで、消費者や保持者の利活用に資する。　　　【新規】

４．建築物の設計・工事監理の業の適正化及び建築主
　　等への情報開示の充実に向けて
　　～自由民主党建築設計議員連盟提言～

建築物の設計・工事監理の業の適正化及び

建築主等への情報開示の充実に向けて

～自由民主党建築設計議員連盟提言～

平成２６年３月２７日

自由民主党建築設計議員連盟

はじめに

建築物の設計・工事監理は、良質で安全な建築物の整備の要となる業務であり、これを担う建築士・建築士事務所に係る制度について、社会の要請に応じて適正化することは極めて重要な政策課題である。

建築士・建築士事務所制度については、平成17年11月に発覚した構造計算書偽装問題を背景に、建築物の安全性及び建築士制度に対する国民の信頼を回復するべく、建築士法改正により、構造設計一級建築士制度等の創設や建築士の定期講習制度の導入等がなされた。

我が国の建築設計・工事監理を担う、日本建築士会連合会、日本建築士事務所協会連合会、日本建築家協会では、建築士法改正後の設計・工事監理を取り巻く状況や社会的な要請を踏まえ、今後の建築士資格や設計・工事監理業のあるべき姿について議論を積み重ねられ、関連制度改正の共同提案がなされたところである。

今般、これらの提案を真摯に受け止め、設計監理等適正化勉強会での議論や他の関係団体からの意見聴取を経て、以下の建築士法改正等の措置が必要との結論に至ったため、ここに提言する。

Ⅰ．建築士法の改正により措置すべき事項

1．設計・工事監理の業の適正化関係
（1）書面による業務契約の締結の義務化（新設）
　　延べ面積300㎡を超える建築物の設計・工事監理契約の当事者は、対等な立場における合意に基づいて公正な契約を締結し、書面にして相互に交付しなければならないこととする。
　　（この新設規定に基づく書面による契約締結をした場合には、法24条の8に基づく建築士事務所の開設者による建築主等に対する契約内容の書面の交付義務を履行したこととなるような新設条文とする。）
（2）一括再委託の禁止範囲の拡大（法第24条の3関係）
　　建築士事務所の開設者が、一括して他の建築士事務所の開設者に委託することを禁止する設計・工事監理業務の範囲について、延べ面積300㎡を超える建築物の新築工事に係るものとする。ただし、建築士事務所の開設者が同一の者である建築士事務所間の場合の一括再委託を除く。
（3）設計・工事監理業務の適正な代価での契約締結の責務（法第25条関係）
　　建築主（委託者を含む）及び建築士事務所の開設者は、国土交通大臣の定める報酬基準に準拠した適正な代価で契約の締結に努めなければならないこととする。
　　（この規定の新設に伴い、国土交通大臣による報酬基準の勧告に係る規定は廃止する。）
（4）管理建築士の責務の明確化（法第24条関係）
　ア．管理建築士が建築士事務所の技術的事項を総括する業務は、次の業務であることを定める。
　　　①受託する業務の量及び難易並びに業務の遂行に必要な期間の設定
　　　②業務に当たらせる技術者の選定及び配置
　　　③他の建築士事務所との提携及び提携先に行わせる業務範囲の案の策定
　　　④建築士事務所に所属する建築士をはじめとする技術者の行う業務の管理とその適性の確保
　イ．建築士事務所の開設者は、管理建築士が述べる技術的事項に係る意見を尊重しなければならないものとする。
（5）設計等の業務に係る保険契約等の措置に関する責務の追加（新設）
　　建築士事務所の開設者は、設計等の業務に関し生じた損害を賠償するため、保険契約の締結等の措置を講ずるよう努めなければならないものとする。

2．建築主等への情報開示の充実等関係
（1）建築士による免許証提示の義務化（新設）

建築士の業務である、設計・工事監理、建築物の調査・鑑定等の業務を依頼する建築主又は委託者から請求があった場合には、建築士免許証を提示しなければならないものとする。（携行義務は課さない運用とする。）

（2）免許証の書き換え規定の明確化（新設）

免許証または免許証明書（以下、免許証）の記載事項等（定期講習の受講履歴、顔写真）に変更があった場合には免許証の書き換えができることとする。

3．その他の諸課題への対応
（1）建築設備士の役割の明確化（新設）
- ア．法第 20 条第 5 項の「建築設備に関する知識及び技能につき国土交通大臣が定める資格を有する者」を「建築設備士」とする。
- イ．建築士は、延べ面積 2,000 ㎡を超える建築物の建築設備に係る設計又は工事監理を行う場合は、建築設備士の意見を聴くよう努めなければならないものとする。ただし、設計に関しては設備設計一級建築士が自ら設計した場合を除く。

  ＊現行の、建築設備士の意見を聴いた時は設計図書等にその旨を明記する旨の規定は存置する。

（2）建築士事務所の登録基準の強化（新設）

建築士事務所に係る欠格要件及び取消事由に開設者が暴力団員であること等を追加する。

（3）所属建築士を変更した場合の届出の義務付け（新設）

所属建築士の氏名、一級・二級・木造建築士の種別を建築士事務所の登録事項とし、変更があった場合には 3 カ月以内に都道府県知事に届けなければならないものとする。

（4）国土交通大臣・都道府県知事による建築士の調査権の創設（新設）

個別の事情を勘案した建築士の処分を行うため、国土交通大臣及び都道府県知事が、建築士に対して必要な調査を行うことができることとする。

Ⅱ．建築士法の改正に併せて国土交通省が講ずべき措置

1．設計・工事監理の業の適正化関係
(1) 無登録業務の禁止の徹底（技術的助言）
　　次の事項を周知徹底することにより、延べ面積 300 ㎡以下の建築物も含めて無登録業務の禁止の徹底を図る。
　①設計・工事監理等を業として実施する場合には、建築士事務所の登録が必要であること。
　②建築物の設計・工事監理に係る契約は、建築主と建築士事務所の間で締結されることが必要であること。
　③建築士事務所の開設者は、契約を締結しようとするときは予め管理建築士等をして重要事項の説明を行うことが必要であること。
(2) 建築士事務所の区分に係る情報提供の適正化（省令改正）
　　建築士事務所の区分については、建築士法に基づく重要事項説明制度における説明事項とするとともに、建築工事現場の表示における記載事項とする。

2．建築主等への情報開示の充実等関係
(1) 免許証の記載事項の追加等
　ア．免許証の記載事項について勤務先・住所を追加することとする。（省令改正）
　イ．円滑に書き換えが進むよう、定期講習受講時に、記載事項・顔写真の書き換え申請書、住所・勤務先の変更の届出の提出を促すこととする。（技術的助言）
(2) 定期講習制度の合理化（省令改正）
　　定期講習で受講すべき情報・制度の変更頻度等を踏まえ、受講間隔を3年から5年に変更することを検討することとする。
(3) 建築士等に対する監督処分の合理化
　　今般の法改正による、管理建築士の役割の明確化、建築士の調査権の創設にあわせて、建築士の個別事情を勘案した処分や、建築士事務所の処分のあり方について検討を行い、法施行までのできる限り早期に結論を得る。（処分基準等の改正）

Ⅲ．今後の検討課題

（１）小規模な建築物の設計・工事監理に係る書面による契約締結の促進
　　　今般の法改正による書面の契約締結義務化の対象とならない延べ面積300㎡以下の建築物について、関係団体を中心にモデル契約書を作成し、その普及を図ること等により、書面による契約が円滑に行われるよう環境を整備する。
　　　その後の普及状況等を検証し、書面による契約締結の義務化の範囲に係る制度改正を検討する。
（２）紛争処理の仕組みの検討
　　　関係団体が、裁判外紛争解決手続きの利用の促進に関する法律による制度の活用により、紛争処理の仕組みの構築を検討する。
（３）インターネットでの建築士情報の提供
　　　当面、日本建築士会連合会及び都道府県建築士会が情報システムを構築・運用し、その後の整備・運用状況を検証した上で、インターネットによる建築士情報の制度化について検討する。
　　　なお、当該システムの運用にあたっては、希望者を掲載対象とし、定期講習受講時に建築士に対して掲載希望を確認することとする。
（４）定期講習の実施機関要件
　　　定期講習の実施機関要件については、今後の行政改革の方針との整合性も踏まえ、引き続き検討する。

おわりに

　制度改正のうち、これまでの設計・工事監理に係る業務の実施方法・体制に影響を及ぼすものについては、施行までの期間を十分確保するとともに、制度改正内容の周知を徹底することが必要である。
　また、建築物の設計・工事監理の業の適正化及び建築主等への情報開示の充実のためには、制度的な対応に加えて、関係団体が自主的な取り組みを充実させ、会員を始めとする建築設計・工事監理に携わる者に対して、制度の周知徹底や、資質の維持・向上を図ることが必要不可欠である。
　また、国土交通省においては、設計・工事監理の業務の状況及び課題を常に把握するように努め、制度の円滑な運用の確保を図るべきである。
　今後とも一層、関係各位が、質の高い設計・工事監理業務を通じて、国民の安全と安心、豊かな生活の実現に貢献されることを期待する。

第4章

平成26年改正 建築士法の解説

1．法律、政省令の解説（改正部分）

1　書面による契約等による設計等の業の適正化
　(1)　書面による契約締結の義務化

> 第22条の3の2（設計受託契約等の原則）
> 　設計又は工事監理の委託を受けることを内容とする契約（以下それぞれ「設計受託契約」又は「工事監理受託契約」という。）の当事者は、各々の対等な立場における合意に基づいて公正な契約を締結し、信義に従つて誠実にこれを履行しなければならない。
>
> 第22条の3の3（延べ面積が300m²を超える建築物に係る契約の内容）
> 　延べ面積が三百平方メートルを超える建築物の新築に係る設計受託契約又は工事監理受託契約の当事者は、前条の趣旨に従つて、契約の締結に際して次に掲げる事項を書面に記載し、署名又は記名押印をして相互に交付しなければならない。
> 　一　設計受託契約にあつては、作成する設計図書の種類
> 　二　工事監理受託契約にあつては、工事と設計図書との照合の方法及び工事監理の実施の状況に関する報告の方法
> 　三　当該設計又は工事監理に従事することとなる建築士の氏名及びその者の一級建築士、二級建築士又は木造建築士の別並びにその者が構造設計一級建築士又は設備設計一級建築士である場合にあつては、その旨
> 　四　報酬の額及び支払の時期
> 　五　契約の解除に関する事項
> 　六　前各号に掲げるもののほか、国土交通省令で定める事項
> 2　延べ面積が三百平方メートルを超える建築物の新築に係る設計受託契約又は工事監理受託契約の当事者は、設計受託契約又は工事監理受託契約の内容で前項各号に掲げる事項に該当するものを変更するときは、その変更の内容を書面に記載し、署名又は記名押印をして相互に交付しなければならない。
> 3　建築物を増築し、改築し、又は建築物の大規模の修繕若しくは大規模の模様替をする場合においては、当該増築、改築、修繕又は模様替に係る部分の新築とみなして前二項の規定を適用する。

4　第二十条第四項の規定は、第一項又は第二項の規定による書面の交付について準用する。この場合において、同条第四項中「建築士」とあるのは「設計受託契約又は工事監理受託契約の当事者」と、「建築主」とあるのは「契約の相手方」と、「当該結果」とあるのは「当該書面に記載すべき事項」と、「報告する」とあるのは「通知する」と、「文書での報告をした」とあるのは「書面を交付した」と読み替えるものとする。

5　設計受託契約又は工事監理受託契約の当事者が、第一項の規定により書面を相互に交付した場合（前項の規定により読み替えて準用する第二十条第四項の規定により書面を交付したものとみなされる場合を含む。）には、第二十四条の八第一項の規定は、適用しない。

施行規則第17条の38（延べ面積が300㎡を超える建築物に係る契約の内容）

法第二十二条の三の三第一項第六号に規定する国土交通省令で定める事項は、次に掲げるものとする。

一　建築士事務所の名称及び所在地並びに当該建築士事務所の一級建築士事務所、二級建築士事務所又は木造建築士事務所の別

二　建築士事務所の開設者の氏名（当該建築士事務所の開設者が法人である場合にあつては、当該開設者の名称及びその代表者の氏名）

三　設計受託契約又は工事監理受託契約の対象となる建築物の概要

四　業務に従事することとなる建築士の登録番号

五　業務に従事することとなる建築設備士がいる場合にあつては、その氏名

六　設計又は工事監理の一部を委託する場合にあつては、当該委託に係る設計又は工事監理の概要並びに受託者の氏名又は名称及び当該受託者に係る建築士事務所の名称及び所在地

七　設計又は工事監理の実施の期間

八　第三号から第六号までに掲げるもののほか、設計又は工事監理の種類、内容及び方法

建築物の設計又は工事監理の業務の契約にあたっては、事後のトラブルや損害の発生を未然に防止するため、その具体的な内容について十分

理解し、お互いに合意をした上で契約を締結することが重要です。

　これまでの建築士法においても、契約前に建築士事務所の管理建築士等から建築主に対して重要事項説明を行うこと（法第24条の7）、契約後に建築士事務所から建築主に対して契約内容を記載した書面の交付を行うこと（法第24条の8）が規定されていましたが、契約の締結そのものに関する規定はありませんでした。建築設計業界の長年の商慣行では、口頭による契約（いわゆる口約束）のみで契約書が交わされない場合もあり、設計・工事監理業務を行う建築士・建築士事務所の役割と責任が不明確となっていました。最高裁判所の報告書においても、建築紛争において設計や工事監理についての契約書等が存在しないケースが多く、合意の有無やその内容を証する書面がないことが紛争を生じやすく、また、長期化・複雑化させているとの指摘がされています。

　このような背景から、建築紛争の発生を未然に防止し、契約の当事者の利益を保護するために、建築物の設計又は工事監理に関する契約の原則について規定し、延べ面積300㎡を超える建築物の設計又は工事監理について、書面による契約の締結を義務づけています。

① 設計受託契約等の原則

　法第22条の3の2において、建築物の設計又は工事監理の業務に関する契約の原則が規定されています。

　本規定における「契約の当事者」とは、建築主等の委託者と、業務の受託者である建築士事務所の双方を指しており、委託者、受託者が対等な立場で合意して契約を締結することが求められています。本規定は契約の原則として、建築物の規模等にかかわらず設計又は工事監理の業務に関するすべての契約に適用されます。

② 延べ面積300㎡を超える建築物の設計等について書面による契約の義務化

　法第22条の3の3において、延べ面積300㎡を超える建築物の設計又は工事監理の業務に関する契約の当事者に、書面による契約締結を義務づけています。

　　ⅰ）第1項においては、延べ面積300㎡を超える建築物の新築工事に係る設計又は工事監理業務の契約の締結に際して、必要な事項を書面に記載し、署名又は記名押印して相互に交付しなければならないことが規定されています。契約の内容等については、契約前に建築主

に重要事項説明を行うことや、契約後に委託者へ書面を交付することが定められていますが、法第22条の3の2の趣旨に従い、契約内容等について契約の当事者双方が合意して契約していることをより明確にするため、建築士事務所からの説明や書面の交付だけでなく、契約の当事者が契約に際して相互に書面でとりかわすこととしたものです。

ここでいう「契約の当事者」とは委託者と受託者の双方を指しますので、設計業務を委託する建築主と受託する建築士事務所の双方（建築士事務所同士の契約の場合は双方の建築士事務所）に書面による契約締結の義務が課せられることになります。

ⅱ）第1項及び施行規則第17条の38には、相互に交付する書面に記載すべき事項が列挙されています。これらは、設計等の業務の内容や実施方法など契約内容のうち事後の紛争防止の観点から重要な事項であり、法第24条の8に基づき契約後に交付される書面の記載事項と基本的に同じ内容となっています。

なお、設計や工事監理の契約と工事請負契約の内容を含む一括契約を行う場合も本規定の対象になりますので、契約の締結に際して、これらの事項を記載した書面を相互に交付する必要があります。

ⅲ）第2項においては、契約内容のうち上記の書面に記載する事項を変更する場合について規定されています。契約内容を変更する場合、変更後の内容についても当事者間で合意して共有しておくことが事後のトラブル防止のために重要ですので、その変更の内容を書面に記載し、契約締結の際と同様に、署名又は記名押印して相互に交付することを義務づけています。

ⅳ）第3項においては、新築工事以外の、増築、改築、大規模の修繕、大規模の模様替を行う場合についても、当該工事に係る部分の新築とみなして、新築工事と同様、書面による契約締結の義務が適用されることが規定されています。

ⅴ）第4項においては、書面の交付については、電子メールやCD－ROMに記録して交付する等の情報通信技術を利用する方法で行うこともできることが規定されています。この場合、あらかじめ、当該契約の相手方の承諾を得る必要があります。

ⅵ）第5項においては、契約の締結に際して本規定に基づく書面の相互交付を行った場合、法第24条の8に基づく書面の交付を行う必要がないことが規定されています。相互交付する書面の記載事項は、法第24条の8の書面に記載する事項と基本的に同じですので、契約の締結の際に相互交付することにより、法第24条の8の書面の交付をしたものとみなすこととしています。また、書面による契約締結の義務が適用されない延べ面積300㎡以下の建築物の場合も、法令で定める事項を記載した書面の相互交付を契約締結の際に行った場合については、法第24条の8の書面の交付をしたものとみなされます。

なお、法第24条の7に基づく重要事項説明については省略することはできませんので、引き続き契約前に適切に実施する必要があります。

（参考）第22条の3の3の書面契約と第24条の8の書面の交付との関係

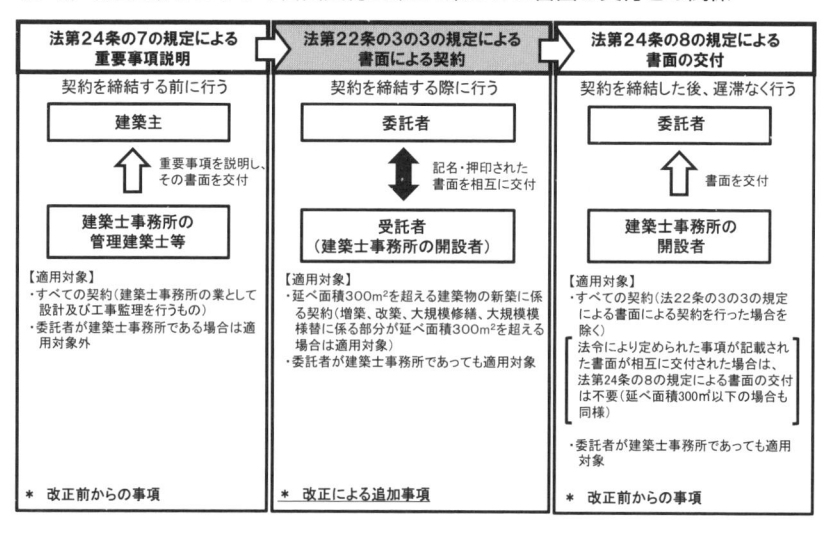

法第24条の7の規定による重要事項説明	法第22条の3の3の規定による書面による契約	法第24条の8の規定による書面の交付
契約を締結する前に行う	契約を締結する際に行う	契約を締結した後、遅滞なく行う
建築主 ↑ 重要事項を説明し、その書面を交付 建築士事務所の管理建築士等	委託者 ↕ 記名・押印された書面を相互に交付 受託者（建築士事務所の開設者）	委託者 ↑ 書面を交付 建築士事務所の開設者
【適用対象】 ・すべての契約（建築士事務所の業として設計及び工事監理を行うもの） ・委託者が建築士事務所である場合は適用対象外	【適用対象】 ・延べ面積300㎡を超える建築物の新築に係る契約（増築、改築、大規模修繕、大規模模様替に係る部分が延べ面積300㎡を超える場合は適用対象） ・委託者が建築士事務所であっても適用対象	【適用対象】 ・すべての契約（法22条の3の3の規定による書面による契約を行った場合を除く） 法令により定められた事項が記載された書面が相互に交付された場合は、法第24条の8の規定による書面の交付は不要（延べ面積300㎡以下の場合も同様） ・委託者が建築士事務所であっても適用対象
＊ 改正前からの事項	＊ 改正による追加事項	＊ 改正前からの事項

本規定の書面による契約締結の義務は、延べ面積300㎡を超える建築物の設計等の契約を対象にしており、延べ面積300㎡以下の建築物に係る契約については、法律上書面による契約締結は義務づけられておりません。設計三会の共同提案においては対象となる建築物に特に限定はあ

りませんでしたが、自由民主党建築設計議員連盟設計監理等適正化勉強会において、関係団体のヒアリングを行う中で、個人住宅のような小規模な建築物も含めてすべての建築物の設計・工事監理について書面による契約を義務づけることは、一般の建築主にも負担が生じるものであり、また、長年の商慣行をいきなり変えることが現場での混乱をまねくおそれがあることなどが懸念されました。このため、義務づけの対象について、まずは一定規模（300㎡）を超える建築物に係る契約に限定したものです。

　ただし、延べ面積300㎡以下の建築物についても、トラブルの発生を未然に防止する観点から、書面による契約締結が望ましいことは言うまでもありません。今後、関係団体を中心にモデル契約書の普及を図ることにより書面による契約が円滑に行われる環境を整備することと、その後の普及状況等を検証し、書面による契約締結の義務化の範囲の改正を検討することが、自由民主党建築設計議員連盟の提言の中でもうたわれています。

(2) 　一括再委託の禁止

> 第24条の3（再委託の制限）
> 1　（略）
> 2　建築士事務所の開設者は、委託者の許諾を得た場合においても、委託を受けた設計又は工事監理（いずれも延べ面積が三百平方メートルを超える建築物の新築工事に係るものに限る。）の業務を、それぞれ一括して他の建築士事務所の開設者に委託してはならない。

　建築主から受託した設計又は工事監理の業務について、他の建築士事務所の開設者に一括再委託、いわゆる丸投げすることは、設計等の一連の過程において、本来は不必要であるはずの者が介在しているため、コストアップや手抜きを招き業務の質が低下することや、責任の所在が不明確になることが強く懸念されます。そのため、構造計算書偽装問題を受けた平成18年の法改正により、委託者の許諾があった場合でも、階数が3以上で、かつ、床面積の合計が1,000㎡以上の共同住宅の新築工事に係る設計又は工事監理について、他の建築士事務所の開設者に一括再

委託することが禁止されていました。

　今般、より一層、設計等の業の適正化と消費者保護の充実を図るため、法第24条の３を改正し、一括再委託の禁止の対象を、延べ面積300㎡を超える建築物の新築工事に係る設計又は工事監理に係る業務に拡大しています。

　一括再委託とは、建築士事務所の開設者が受託した設計又は工事監理の業務を何ら行うことなしに、そのすべてを他の建築士事務所の開設者に再委託することであり、一括再委託に該当するか否かは、下記のように判断されることとなります。

　なお、受託した業務を建築士事務所の開設者が同一の者である別の建築士事務所（例えば同じ会社の別の支店など）に行わせることは、再委託にはあたりませんので、受託した業務の全てを行わせる場合でも、本規定の対象とはなりません。

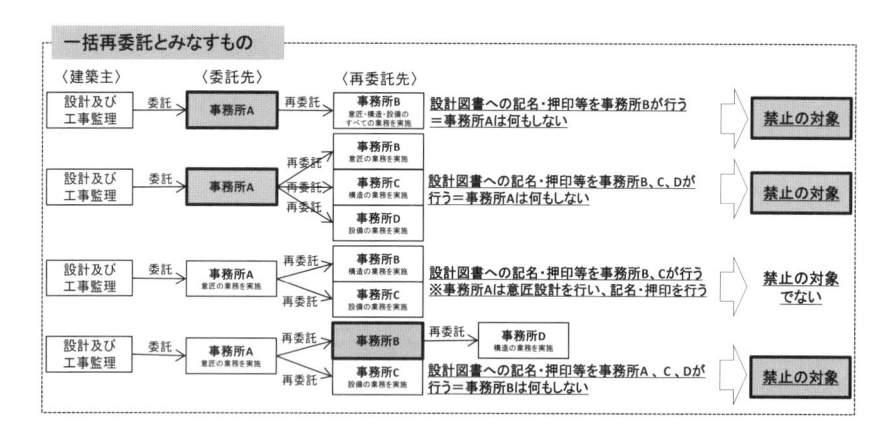

(3)　適正な委託代金での契約締結の努力義務

第22条の３の４（適正な委託代金）
　設計受託契約又は工事監理受託契約を締結しようとする者は、第二十五条に規定する報酬の基準に準拠した委託代金で設計受託契約又は工事監理受託契約を締結するよう努めなければならない。

第25条（業務の報酬）
　国土交通大臣は、中央建築士審査会の同意を得て、建築士事務所の

開設者がその業務に関して請求することのできる報酬の基準を定めることができる。

　設計・工事監理の業務に対する報酬の額は、あくまでも、個別の契約において、当事者間の合意に基づいて定められるべきものですが、設計等の業務の適正化により建築物の質の向上を図るという建築士法の趣旨や建築士の独占業務とされている業務の社会的意義等に照らして妥当なものである必要があります。このため、法第25条の規定に基づいて、建築主と建築士事務所が契約に際し、報酬額を算定するための目安として、業務報酬基準（平成21年国土交通省告示第15号及び平成27年国土交通省告示第670号）が定められています。

　一方で、民間建築における過度のコスト縮減や公共建築における価格競争入札等により、著しく低い報酬額で契約せざるを得ないケースも依然多いと言われており、このような場合、設計等の業務の質の低下を招く恐れもあります。

　このため、法第22条の3の4において、設計等の契約を締結しようとする者は、国土交通大臣の定める業務報酬基準に準拠した適切な委託代金で契約を締結するよう努めなければならないことを規定しています。

　国土交通大臣の定める業務報酬基準は、報酬の算定の考え方や標準的な業務における標準的な業務量等を示したもので、具体的な金額を提示しているものではありません。報酬の額はあくまで当事者間の合意に基づいて定められるべきものですから、本規定は努力義務規定となっていますが、消費者保護や設計等の業務の質の確保の観点から、過度に高いあるいは低い金額とならないよう、この業務報酬基準の考え方に準拠して適正な代金で契約を締結することを契約の当事者に求めているものです。

　なお、この規定は、再委託契約など、建築士事務所から別の建築士事務所に業務が委託される場合の契約についても対象となります。

(4) 保険契約の締結等の努力義務

第24条の9（保険契約の締結等）
　建築士事務所の開設者は、設計等の業務に関し生じた損害を賠償す

> るために必要な金額を担保するための保険契約の締結その他の措置を
> 講ずるよう努めなければならない。

　建築士事務所が受託した設計や工事監理等にミスがあり、その結果、建築主等に損害を生じさせた場合、損害の程度によっては多額の賠償金を請求されるケースもあります。このような場合に備えて保険契約等必要な措置を講じておくことは、建築士事務所の業務の安定化はもちろん、消費者保護の観点から重要です。建築設計関係の各団体においても設計等に関する損害賠償責任保険制度は用意されていますが、まだまだ加入率は低い状況にあり、消費者保護の更なる充実が求められています。

　このため、法第24条の9において、建築士事務所の開設者は損害賠償のための保険契約の締結等の措置を講ずるよう努めなければならないことを規定しています。

　契約する損害賠償責任保険について具体的に規定されていませんので、現在、関係団体において用意されている保険制度を活用することが考えられます。また、保険の契約締結のほか、例えば、準備金の積立などにより資力を確保しておくことも一つの方法と考えられます。本規定は努力義務規定ではありますが、消費者保護の観点から、建築士事務所の開設者はこれらの措置を講じておくことが望ましいと言えます。

(5)　建築士事務所の区分（一級、二級、木造）明示の徹底

> 施行規則第17条の38（延べ面積が300㎡を超える建築物に係る契約の内容）（再掲）
> 　法第二十二条の三の三第一項第六号に規定する国土交通省令で定める事項は、次に掲げるものとする。
> 　一　建築士事務所の名称及び所在地並びに当該建築士事務所の一級
> 　　建築士事務所、二級建築士事務所又は木造建築士事務所の別
> 　二〜八　（略）
>
> 施行規則第22条の2の2（重要事項説明）
> 　法第二十四条の七第一項第六号に規定する国土交通省令で定める事項は、第十七条の三十八第一号から第六号までに掲げる事項とする。

法第24条の８（書面の交付）

建築士事務所の開設者は、設計受託契約又は工事監理受託契約を締結したときは、遅滞なく、国土交通省令で定めるところにより、次に掲げる事項を記載した書面を当該委託者に交付しなければならない。
一　第二十二条の三の三の第一項各号に掲げる事項
二　（略）
2　（略）

建築基準法施行規則　第六十八号様式（工事現場における建築確認の表示）

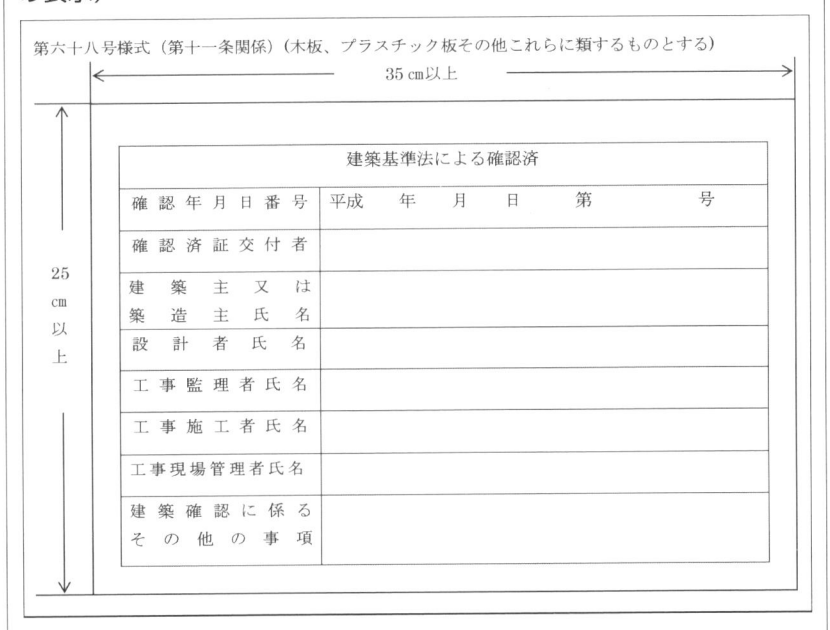

第六十八号様式（第十一条関係）（木板、プラスチック板その他これらに類するものとする）

35 cm以上

25 cm以上

建築基準法による確認済	
確認年月日番号	平成　　年　　月　　日　　第　　　　号
確認済証交付者	
建築主又は築造主氏名	
設計者氏名	
工事監理者氏名	
工事施工者氏名	
工事現場管理者氏名	
建築確認に係るその他の事項	

（注意）
1　設計者及び工事監理者が建築士の場合には、設計者氏名及び工事監理者氏名の欄にその者の一級建築士、二級建築士又は木造建築士の別を併せて記入してください。
2　設計者及び工事監理者が建築士事務所に属している場合には、設計者氏名及び工事監理者氏名の欄にその名称及びその一級建築士事務所、二級建築士事務所又は木造建築士事務所の別を併せて記入してください。

建築士事務所は、建築士が行うことができる建築物の設計・工事監理の業務範囲に応じて、一級建築士事務所、二級建築士事務所又は木造建築士事務所を区分して登録されています。ただし、建築士事務所の名称には、必ずしも一級や二級という区分が明示されているわけではなく、名称だけではその建築士事務所の区分が消費者にはわからない場合があります。
　その建築士事務所がどのような建築物の設計等の業務を行うことができるのか、また、適切な業務範囲で設計等を行っているのか、といったことが消費者にもわかりやすくするために、重要事項説明等において建築士事務所の区分を明示することとしています。

 ⅰ）施行規則第17条の38において、今回の法改正で義務づけられた、延べ面積300㎡を超える建築物の設計等の契約に際して相互に交付する書面に記載する事項に、建築士事務所の名称及び所在地に併せて「建築士事務所の一級建築士事務所、二級建築士事務所又は木造建築士事務所の別」を規定しています。本規定を引用する形で、契約前の重要事項説明の説明事項及び契約後に建築士事務所の開設者が委託者に交付する書面の記載事項に「建築士事務所の一級建築士事務所、二級建築士事務所又は木造建築士事務所の別」が追加されています。

 ⅱ）建築基準法施行規則第11条の規定による工事現場における建築確認の表示の様式（別記第68号様式）において、設計者及び工事監理者が建築士事務所に所属している場合には、氏名の欄にその所属する建築士事務所の名称及び一級建築士事務所、二級建築士事務所又は木造建築士事務所の別を併せて記入することとしています。

2　管理建築士の責務の明確化による設計等の業の適正化

第24条（建築士事務所の管理）
1、2　（略）
3　管理建築士は、その建築士事務所の業務に係る次に掲げる技術的事項を総括するものとする。
　一　受託可能な業務の量及び難易並びに業務の内容に応じて必要となる期間の設定
　二　受託しようとする業務を担当させる建築士その他の技術者の選

>   定及び配置
>   三　他の建築士事務所との提携及び提携先に行わせる業務の範囲の案の作成
>   四　建築士事務所に属する建築士その他の技術者の監督及びその業務遂行の適正の確保
> 4　管理建築士は、その者と建築士事務所の開設者とが異なる場合においては、建築士事務所の開設者に対し、前項各号に掲げる技術的事項に関し、その建築士事務所の業務が円滑かつ適切に行われるよう必要な意見を述べるものとする。
> 5　建築士事務所の開設者は、前項の規定による管理建築士の意見を尊重しなければならない。

　建築士事務所には、その事務所を管理する専任の建築士として、管理建築士を置かなければならないこととなっており、管理建築士の役割はその建築士事務所の業務に係る技術的事項を総括することと、建築士事務所の開設者に対し必要な意見を述べることとなっています。建築物の高度化・複雑化に伴い、設計等の業務においても専門分化が進み、一つの物件に複数の建築士が関与したり、他の建築士事務所と連携して業務を行うケースが増えています。設計等の業務の円滑かつ適切な実施のため、管理建築士の役割はますます重要になっていると言えます。

　しかしながら、これまでの建築士法においては、管理建築士が総括する「技術的事項」について具体的な内容は規定されておらず、開設者と管理建築士が異なる場合、特に開設者が建築士でない場合には、管理建築士の役割と責務の範囲が不明確になりがちでした。

　このため、法第24条において、管理建築士の総括する技術的事項の内容を具体的に規定し、その役割と責務を明確にしています。

　ⅰ）第3項においては、管理建築士が総括する、建築士事務所の業務に係る技術的事項の内容を規定しています。これらの事項は、事務所の業務全体の執行状況の把握・調整、事務所の有する技術力を適正に行使するための環境整備、事務所の技術者の指導監督に関するものであり、これらを適切に管理することが管理建築士の役割として求められています。

　　なお、今回の改正は、管理建築士が総括する技術的事項を明確化

したものであり、管理建築士の責務や役割が変更になっているわけではありません。
ⅱ) 第5項においては、建築士事務所の開設者は、第4項により管理建築士が述べる意見を尊重しなければならないことを規定しています。建築士事務所の経営や業務に関わる最終的な判断は経営者である開設者が行うものですので、本規定は管理建築士の意見に従うことを義務づけているわけではありません。しかしながら、業務に支障を来さず、適正な事務所運営を図っていくためには、技術的事項を総括する立場にある管理建築士の述べる意見について適切に反映することが重要ですので、その意見を十分尊重することを求めているものです。

3 建築主等への情報開示の充実
(1) 建築士免許証等の提示の義務化

第19条の2（建築士免許証等の提示）
　一級建築士、二級建築士又は木造建築士は、第二十三条第一項に規定する設計等の委託者（委託しようとする者を含む。）から請求があつたときは、一級建築士免許証、二級建築士免許証若しくは木造建築士免許証又は一級建築士免許証明書、二級建築士免許証明書若しくは木造建築士免許証明書を提示しなければならない。

　近年、一級建築士免許証を偽造したり、一級建築士と記載した名刺を使うなど、実際には一級建築士ではないにもかかわらず一級建築士であると偽って、設計等の業務を行ったり会社に就職したりする、いわゆる建築士なりすまし事案が発覚しています。このような事案は建築士に対する消費者の信頼を損ないかねないものです。建築主等の消費者が安心して建築士に設計等の業務を依頼できるようにするためには、相手が建築士か否かといった、建築士資格についての情報開示を一層充実させる必要があります。
　このため、法第19条の2において、設計等の業務の委託者あるいはこれから委託しようとする者から請求があった場合に、建築士免許証等を提示することを建築士に対して義務づけています。ここでいう「第23条

第1項に規定する設計等」には、設計・工事監理のほか、建築工事の指導監督や建築物の調査・鑑定業務など、建築士が行うことのできるその他の業務も含まれていますので、建築士が建築士事務所に所属して行うべき業務のすべてに本規定は適用されることになります。

本規定は免許証等の携行義務まで課しているものではありませんので、請求を受けたその場で免許証を提示する必要は必ずしもありません。ただし、消費者への情報開示の充実という趣旨に鑑みて、その場で提示できない場合でも、次の打ち合わせ時に提示するなど、できる限り早期に対応することが望ましいです。

なお、重要事項説明を行う際には、従来から建築士免許証等を提示して説明を行うことが義務づけられていますので、本規定にかかわらず、委託者からの請求がなくても免許証等を提示する必要があります。

(2) 建築士免許証等の書換え規定の明確化

第5条（免許の登録）

1、2 （略）

3 一級建築士、二級建築士又は木造建築士は、一級建築士免許証、二級建築士免許証又は木造建築士免許証に記載された事項等に変更があつたときは、一級建築士にあつては国土交通大臣に、二級建築士又は木造建築士にあつては免許を受けた都道府県知事に対し、一級建築士免許証、二級建築士免許証又は木造建築士免許証の書換え交付を申請することができる。

第10条の2の2（構造設計一級建築士証及び設備設計一級建築士証の交付等）

1〜3 （略）

4 構造設計一級建築士証又は設備設計一級建築士証の交付を受けた一級建築士（以下それぞれ「構造設計一級建築士」又は「設備設計一級建築士」という。）は、構造設計一級建築士証又は設備設計一級建築士証に記載された事項等に変更があつたときは、国土交通大臣に対し、構造設計一級建築士証又は設備設計一級建築士証の書換え交付を申請することができる。

施行規則第4条の2（免許証の書換え交付）

一級建築士は、前条第一項の規定による届出をする場合において、一級建築士免許証（以下「免許証」という。）又は一級建築士免許証明書（以下「免許証明書」という。）に記載された事項に変更があつたときは、免許証の書換え交付を申請しなければならない。
2　前項及び法第五条第三項の規定により免許証の書換え交付を申請しようとする者は、一級建築士免許証用写真を貼付した免許証書換え交付申請書に免許証又は免許証明書を添え、これを国土交通大臣に提出しなければならない。
3　国土交通大臣は、前項の規定による申請があつた場合においては、免許証を書き換えて、申請者に交付する。

施行規則第9条の4（構造設計一級建築士証及び設備設計一級建築士証の書換え交付）

　構造設計一級建築士又は設備設計一級建築士は、第四条第一項の規定による届出をする場合において、構造設計一級建築士証又は設備設計一級建築士証に記載された事項に変更があつたときは、当該構造設計一級建築士証又は設備設計一級建築士証の書換え交付を申請しなければならない。
2　前項及び法第十条の二の二第四項の規定により構造設計一級建築士証又は設備設計一級建築士証の書換え交付を申請しようとする者は、一級建築士免許証用写真を貼付した建築士証書換え交付申請書に構造設計一級建築士証又は設備設計一級建築士証を添え、これを国土交通大臣に提出しなければならない。
3　国土交通大臣は、前項の規定による申請があつた場合においては、構造設計一級建築士証又は設備設計一級建築士証を書き換えて、申請者に交付する。

施行規則第9条の6（構造設計一級建築士証及び設備設計一級建築士証の領置）

　国土交通大臣は、法第十条第一項の規定により構造設計一級建築士又は設備設計一級建築士である一級建築士に業務の停止を命じた場合においては、当該一級建築士に対して、構造設計一級建築士証又は設備設計一級建築士証の提出を求め、かつ、処分期間満了までこれを領置することができる。

建築士免許証は、従来はＡ４サイズの紙の免状型のものでしたが、平成18年に建築士法が改正され、現在発行されているものは携帯しやすいカード型のものに変更されています。このカード型の免許証には顔写真が掲載され、また、記載事項に定期講習等の受講履歴が追加されています。

　建築士の資格は更新制ではありませんので、その免許証も更新の必要はありません。希望があれば、免状型の免許証からカード型の免許証への切り替えや、講習履歴等の情報を最新にするための免許証の書換えを行っていますが、この書換えの規定についてはこれまで法律上明確には位置づけられていませんでした。

　今回の法改正により委託者に対する建築士免許証等の提示が義務づけられたこともあり、携帯・提示しやすいカード型の免許証への切り替えや、講習履歴や顔写真等について最新の情報への書換えが適切に行えるように、記載事項等に変更があったときに免許証の書換えができることを規定しています。

　ⅰ）法第５条第３項においては、建築士免許証の記載事項等に変更があったときは、免許証の書換え交付を申請できることが規定されています。建築士免許証の記載事項のうち、氏名・生年月日については、従来より、変更があった場合は建築士名簿の登録事項の変更の届出とあわせて免許証等の書換え交付を申請することが施行規則において義務づけられていますが、それ以外の記載事項や顔写真についても、申請をすれば免許証等の書換えができることを規定するものです。

　　書換え交付申請については、免許登録と同様に、一級建築士であれば国土交通大臣へ、二級建築士又は木造建築士であれば都道府県知事へ行うことになります。一級建築士の場合、実際には、中央指定登録機関である公益社団法人日本建築士会連合会へ行うことになります。

　ⅱ）法第10条の２の２第４項においては、構造設計一級建築士が持つ構造設計一級建築士証や、設備設計一級建築士が持つ設備設計一級建築士証についても、建築士免許証と同様に、記載事項等に変更があった場合に書換え交付を申請できることが規定されています。

　ⅲ）施行規則第４条の２においては、一級建築士免許証等の書換え交

付の申請の手続きが規定されています。同様に、施行規則第9条の4においては、構造設計一級建築士証及び設備設計一級建築士証の書換え交付の申請の手続きが規定されています。
　ⅳ）施行規則第9条の6においては、構造設計一級建築士証及び設備設計一級建築士証の書換え交付の規定を整備するのとあわせて、建築士の業務停止時の建築士証の領置に関する規定を整備しています。

　今回の改正においても、旧来の免状型の免許証については引き続き免許証として有効となっていますが、カード型の免許証への切り替えを希望する場合は、本規定により書換え交付の申請を行うことができます。今後、委託者などの消費者に対して建築士免許証等を提示する機会が増えることが予想されますので、本規定の積極的な活用が望まれます。

4　建築設備士に係る規定の整備

第2条（定義）
1～4　（略）
5　この法律で「建築設備士」とは、建築設備に関する知識及び技能につき国土交通大臣が定める資格を有する者をいう。
6～10　（略）

第18条（設計及び工事監理）
1～3　（略）
4　建築士は、延べ面積が二千平方メートルを超える建築物の建築設備に係る設計又は工事監理を行う場合においては、建築設備士の意見を聴くよう努めなければならない。ただし、設備設計一級建築士が設計を行う場合には、設計に関しては、この限りでない。

　建築設備の設計又は工事監理については、建築物における建築設備の重要性、建築設備の高度化・多様化を踏まえ、建築士が建築設備に関する専門家である建築設備士に意見を聴いた場合は、その旨を設計図書又は工事監理報告書に記載することとされています。近年、建築物の省エネルギー化をはじめとして、建築設備の果たす役割の重要性はますます高まっている状況にあり、建築設備の専門家である建築設備士の一層の

活用が求められています。

このため、これまで施行規則に位置づけられていた「建築設備士」の名称を法律に定義するとともに、2,000㎡を超える建築物の建築設備の設計又は工事監理について、建築士は建築設備士の意見を聴くよう努めなければならないことを規定しています。

　ⅰ）法第2条第5項においては、「建築設備士」について、「建築設備に関する知識及び技能につき国土交通大臣が定める資格を有する者」として定義しています。これは、これまでは施行規則で位置づけられていたものを法律に明記し、建築設備士の位置づけをより明確にしたものです。今回の改正で建築設備士の定義や資格の内容等が特段変わるわけではありません。

　ⅱ）法第18条第4項においては、延べ面積2,000㎡を超える建築物の建築設備に係る設計又は工事監理を行う場合、建築士は建築設備士の意見を聴くよう努めなければならないことを規定しています。建築士が建築設備士の意見を聴いた場合は、従来より、その旨を設計図書又は工事監理報告書に記載することとされていますので、本規定に基づき意見を聴いた場合も同様の対応が必要です。

　　本規定の但し書きにおいては、設備設計一級建築士が自ら設計を行う場合には、本規定は適用しないこととしています。これは、設備設計に関し専門的知識・技能を有する建築士が設計を行うのですから、さらに建築設備士に意見を聴く努力義務を課すことまでは必要ないためですが、もちろん、建築設備の適切な設計を行うために積極的に建築設備士を活用することを妨げているわけではありません。

　　なお、階数が3以上で床面積の合計が5,000㎡を超える建築物の設備設計にあたって、設備設計一級建築士以外の一級建築士は、設備設計一級建築士に対し法適合確認を求める必要がありますが（法第20条の3第2項）、これは本規定による意見の聴取とは別の手続きですので、本規定により建築設備士の意見を聴いた場合でも、法適合確認は従来どおり必要となります。

本来、建築設備も含め建築物の設計・工事監理は、建築士が独占業務として責任を持って行うものであり、設備設計一級建築士以外でも建築設備に関する専門的知識を持つ建築士もいることから、建築設備士の意

見を聴くことを義務づけまでしてしまうと、設計等を行う建築士に対して過度の規制になってしまいます。このため、本規定は努力義務であり、また、その対象も建築設備の重要性が高くなる一定規模（2,000㎡）を超える建築物を対象としていますが、建築設備に係る設計等を適切に行うために、本規定の趣旨を踏まえて建築設備士の活用を図ることが求められているものです。

5　その他の改正事項
(1)　暴力団排除規定の整備

第23条の４（登録の拒否）
　都道府県知事は、登録申請者が次の各号のいずれかに該当する場合又は登録申請書に重要な事項についての虚偽の記載があり、若しくは重要な事実の記載が欠けている場合においては、その登録を拒否しなければならない。
　一～四　（略）
　五　暴力団員による不当な行為の防止等に関する法律（平成三年法律第七十七号）第二条第六号に規定する暴力団員又は同号に規定する暴力団員でなくなつた日から五年を経過しない者（第八号において「暴力団員等」という。）
　六　営業に関し成年者と同一の行為能力を有しない未成年者でその法定代理人（法定代理人が法人である場合においては、その役員を含む。）が前各号のいずれかに該当するもの
　七　法人でその役員のうちに第一号から第五号までのいずれかに該当する者のあるもの
　八　暴力団員等がその事業活動を支配する者
　九　（略）
２、３　（略）

第26条（監督処分）
　都道府県知事は、建築士事務所の開設者が次の各号のいずれかに該当する場合においては、当該建築士事務所の登録を取り消さなければならない。
　一　（略）

> 二　第二十三条の四第一項第一号、第二号、第五号、第六号（同号に規定する未成年者でその法定代理人（法定代理人が法人である場合においては、その役員を含む。）が同項第四号に該当するものに係る部分を除く。）、第七号（法人でその役員のうちに同項第四号に該当する者のあるものに係る部分を除く。）、第八号又は第九号のいずれかに該当するに至つたとき。
>
> 三　（略）

　これまで建築士法において、暴力団関係者の排除に関する規定は設けられていませんでしたが、今回の法改正において、建築物の設計等の業務の適正な運営と取引の公正を確保する観点から、建築士事務所の開設者に対して必要な規定を設けています。

　ⅰ）法第23条の４においては、都道府県知事が建築士事務所の登録を拒否する要件として、建築士事務所の登録申請者（法人の場合はその役員）が、暴力団員又は暴力団員でなくなった日から５年を経過しないものである場合や暴力団員等がその事業活動を支配する者である場合を追加しています。

　ⅱ）法第26条においては、都道府県知事が建築士事務所の登録を取消す要件として、建築士事務所の開設者（法人の場合はその役員）が暴力団員又は暴力団員でなくなった日から５年を経過しないものである場合や暴力団員等がその事業活動を支配する者である場合を追加しています。

　また、これにあわせて、建築士事務所の登録申請時の添付書類である誓約書の項目に、暴力団員等でないこと及び暴力団員等がその事業活動を支配する者でないことを追加しています。改正法の施行後に、建築士事務所の登録又は更新登録の申請を行う際には、この新しい書式の誓約書を添付する必要があります。

　なお、ここでいう法人の役員とは、業務を執行する社員、取締役、執行役及びこれらに準ずる者のことを言い、社外取締役、代理権を有する支配人、理事等を含み、監査役、取締役でない支店長等は含まれません。

施行規則　第六号書式(ハ)　(改正後の誓約書)

添付書類(ハ)

誓　　　約　　　書

登録申請者（営業に関し成年者と同一の行為能力を有しない未成年者でその法定代理人（法定代理人が法人である場合においては、その役員を含む。）及び登録申請者が法人である場合における当該法人の役員を含む。）が下記のいずれにも該当しないことを誓約します。

平成　　年　　月　　日

　　　　　　　　　　　　　　登録申請者の氏名又は名称................印
　　　　　　　　　　　　　　　　　　　　　　　　　　　　　　　　（署　名）

知事
指定事務所登録機関殿
（名称）

記

1　破産手続開始の決定を受けて復権を得ない者
2　成年被後見人又は被保佐人
3　禁錮以上の刑に処せられ、その刑の執行を終わり、又は執行を受けることがなくなつた日から5年を経過しない者
4　建築士法の規定に違反して、又は建築物の建築に関し罪を犯して罰金の刑に処せられ、その刑の執行を終わり、又は執行を受けることがなくなつた日から5年を経過しない者
5　建築士法第9条第1項第4号又は第10条第1項の規定により一級建築士、二級建築士又は木造建築士の免許を取り消され、その取消しの日から起算して5年を経過しない者
6　建築士法第26条第1項又は第2項の規定により建築士事務所について登録を取り消され、その取消しの日から起算して5年を経過しない者（当該登録を取り消された者が法人である場合においては、その取消しの原因となつた事実があつた日以前1年内にその法人の役員であつた者でその取消しの日から起算して5年を経過しないもの）
7　建築士法第26条第2項の規定により建築士事務所の閉鎖の命令を受け、その閉鎖の期間が経過しない者（当該命令を受けた者が法人である場合においては、当該命令の原因となつた事実があつた日以前1年内にその法人の役員であつた者でその閉鎖の期間が経過しないもの）
8　暴力団員による不当な行為の防止等に関する法律（平成3年法律第77号）第2条第6号に規定する暴力団員又は同号に規定する暴力団員でなくなつた日から5年を経過しない者（9において「暴力団員等」という。）
9　暴力団員等がその事業活動を支配する者
10　建築士事務所について建築士法第24条第1項及び第2項に規定する要件を欠く者
11　禁錮以上の刑に処せられた者（3に該当する者を除く。）
12　建築士法の規定に違反して、又は建築物の建築に関し罪を犯して罰金の刑に処せられた者（4に該当する者を除く。）

〔記入注意〕
1　登録申請者が法人である場合には、法人の代表者の氏名を併せて記載してください。
2　3から9まで、11又は12のいずれかに該当するときは、該当事項を抹消し、かつ、上欄にその事実をできるだけ詳細に記入してください。

(2) 建築士に対する国土交通大臣・都道府県知事による調査権の新設

> 第10条の2（報告、検査等）
>   国土交通大臣は、建築士の業務の適正な実施を確保するため必要があると認めるときは、一級建築士に対しその業務に関し必要な報告を求め、又はその職員に、建築士事務所その他業務に関係のある場所に立ち入り、図書その他の物件を検査させ、若しくは関係者に質問させることができる。
> 2   都道府県知事は、建築士の業務の適正な実施を確保するため必要があると認めるときは、二級建築士若しくは木造建築士に対しその業務に関し必要な報告を求め、又はその職員に、建築士事務所その他業務に関係のある場所に立ち入り、図書その他の物件を検査させ、若しくは関係者に質問させることができる。
> 3   前二項の規定により立入検査をする職員は、その身分を示す証明書を携帯し、関係者に提示しなければならない。
> 4   第一項及び第二項の規定による立入検査の権限は、犯罪捜査のために認められたものと解釈してはならない。

　これまで、建築士事務所の開設者及び管理建築士に対しては、建築士事務所の登録権者である都道府県知事が必要な報告を求めたり、建築士事務所に立入調査を行うことができることが規定されていました。しかしながら、この規定は資格者である建築士個人への直接の調査権を規定しているものではないため、開設者や管理建築士以外の所属建築士や、建築士事務所に所属していない建築士が行った行為について、必ずしも十分な調査ができる環境にあるとはいえず、建築士の処分にあたっても、個々の事情等を斟酌した合理的な処分ではなく、ともすれば画一的な処分になりがちであるという指摘もありました。
　このため、法第10条の2において、資格者である建築士に対する調査権を新たに規定しています。
　ⅰ）第1項においては、一級建築士に対して、その登録権者であり処分権者である国土交通大臣が、必要な報告を求めることや、建築士事務所その他業務に関係のある場所に立入調査ができることを規定しています。同様に、第2項においては、二級建築士又は木造建築

士に対して、都道府県知事が、必要な報告を求めることや、建築士事務所その他業務に関係のある場所に立入調査ができることを規定しています。

ⅱ）第3項においては、立入調査を行う際に、立入検査を行う権限をもつことを示す証明書の携帯・提示が義務づけられています。また、第4項においては、本規定による立入調査はあくまで建築士の業務の適正な実施を確保するための調査を行うものであり、犯罪捜査のためのものではないことが規定されています。

(3) 建築士事務所の所属建築士を変更した場合の届出義務等

第23条の2（登録の申請）

前条第一項又は第三項の規定により建築士事務所について登録を受けようとする者（以下「登録申請者」という。）は、次に掲げる事項を記載した登録申請書をその建築士事務所の所在地を管轄する都道府県知事に提出しなければならない。

　一～四　（略）

　五　建築士事務所に属する建築士の氏名及びその者の一級建築士、二級建築士又は木造建築士の別

　六　前各号に掲げるもののほか、国土交通省令で定める事項

第23条の5（変更の届出）

第二十三条の三第一項の規定により建築士事務所について登録を受けた者（以下「建築士事務所の開設者」という。）は、第二十三条の二第一号、第三号、第四号又は第六号に掲げる事項について変更があつたときは、二週間以内に、その旨を当該都道府県知事に届け出なければならない。

2　建築士事務所の開設者は、第二十三条の二第五号に掲げる事項について変更があつたときは、三月以内に、その旨を当該都道府県知事に届け出なければならない。

3　（略）

附則第3条

建築士事務所の開設者（この法律の施行の際現にこの法律による改正前の建築士法第二十三条の三第一項の規定による登録を受けていた

者に限る。第三項において「既登録者」という。）は、施行日から起算して一年以内に新法第二十三条の二の規定による更新の登録の申請をする場合を除き、施行日から起算して一年以内に、同条第五号に掲げる事項を、当該都道府県知事に届け出なければならない。
2 　新法第二十三条の三第一項及び第二十三条の四の規定は、前項の規定による届出があった場合に準用する。
3 　新法第二十三条の五第二項の規定は、既登録者については、第一項に規定する更新の登録の申請又は同項の規定による届出があった時から適用する。
4 　第一項の規定による届出をせず、又は虚偽の届出をした者は、三十万円以下の罰金に処する。
5 　法人の代表者又は法人若しくは人の代理人、使用人その他の従業者が、その法人又は人の業務に関し、前項の違反行為をしたときは、その行為者を罰するほか、その法人又は人に対しても同項の刑を科する。

附則第5条
　都道府県知事は、建築士事務所の開設者が附則第三条第一項の規定による届出をせず、又は虚偽の届出をしたときは、当該建築士事務所の開設者に対し、戒告し、若しくは一年以内の期間を定めて当該建築士事務所の閉鎖を命じ、又は当該建築士事務所の登録を取り消すことができる。
2 　都道府県知事は、前項の規定により建築士事務所の閉鎖を命じようとするときは、行政手続法（平成五年法律第八十八号）第十三条第一項の規定による意見陳述のための手続の区分にかかわらず、聴聞を行わなければならない。
3 　新法第十条第三項、第四項及び第六項の規定は都道府県知事が第一項の規定により建築士事務所の登録を取り消し、又は建築士事務所の閉鎖を命ずる場合について、同条第五項の規定は都道府県知事が第一項の規定による処分をした場合について、それぞれ準用する。

施行規則第20条の2（登録事項）
　法第二十三条の三第一項に規定する国土交通省令で定める事項は、法第二十六条第一項又は第二項の規定による取消し、戒告又は閉鎖の

> 処分（当該処分を受けた日から五年を経過したものを除く。）及びこれらを受けた年月日並びに建築士事務所に属する建築士の登録番号とする。

　建築士事務所に所属する建築士の氏名等については、従来は、建築士事務所の登録申請時の添付書類として一覧を提出することと、毎年度都道府県知事に提出する業務報告書に一覧を記載することが規定されていましたが、法律上の扱いとしては、建築士事務所の登録事項とはなっていませんでした。このため、所属する建築士に変更があっても、変更の届出を行うことが規定されておらず、都道府県において建築士事務所に所属する建築士の実態を正確には把握しにくい状況にありました。
　建築士事務所に所属する建築士には定期講習の受講が義務づけられており、受講の促進を効果的に実施するためには所属建築士を適確に把握することが必要です。また、建築士なりすまし事案等が発生しており、その防止のためにはどの建築士事務所にどの建築士が所属しているのかがはっきりわかるようにしておく必要があります。
　このため、建築士事務所の登録事項に所属する建築士の氏名等を追加し、変更があった場合は変更の届出を行わなければならないこととしています。

　　ⅰ）法第23条の2第五号及び施行規則第20条の2においては、建築士事務所の登録事項に、建築士事務所に所属する建築士の氏名及びその者の一級建築士、二級建築士又は木造建築士の別、登録番号を追加しています。これらは、従来は、登録申請の添付書類に記載する事項であったもので、今回の改正により建築士事務所の登録事項として位置づけるものです。

　　ⅱ）法第23条の5第2項においては、所属建築士に変更があった場合には、3カ月以内に都道府県知事に変更の届出を行わなければならないことが規定されています。従来からの登録事項である、建築士事務所の名称や所在地、法人の役員、管理建築士等に変更があった場合には2週間以内に届け出ることとされていますが、企業内の異動等で所属建築士が頻繁に変更になる場合もあり、そのたびに2週間以内に変更の届出を行うことは建築士事務所にとって負担が大きいことから、所属建築士の変更の届出については3カ月以内に行う

こととしています。

iii）附則第3条においては、建築士事務所の開設者は、法施行後1年以内に、所属建築士の氏名等を都道府県知事に届け出なければならないことが規定されています。ただし、法施行後1年以内に建築士事務所の更新の登録を行った場合は本規定による届出は不要となっています。

　所属建築士の氏名等については、法改正前は建築士事務所の登録事項とされていないため、改正法施行後に新規の登録や更新の登録を行わないと、法律上、建築士事務所の登録事項にはなりません。しかしながら、建築士事務所の更新の期間は5年ごとであり、施行後最大で5年間登録事項として扱われない期間が生じてしまうことから、既に都道府県知事に登録されている建築士事務所については、所属建築士の氏名等を改正法の施行後1年以内にまず登録事項として届出を行うこととしています。

なお、建築士事務所の所属建築士とは、他人の求めに応じ報酬を得て、業として行う設計等（設計、工事監理、建築工事契約に関する事務、建築工事の指導監督、建築物に関する調査若しくは鑑定又は建築物の建築に関する法令若しくは条例の規定に基づく手続きの代理）に関する実務を行う建築士を指します。設計等に関する実務は全く行わず、例えば、専ら施工に関する実務のみを行う場合や、設計者の指示のもと行われるトレースやＣＡＤ作図などの設計の補助業務のみを行う場合は、所属建築士には該当しません。また、その建築士事務所の行う設計等に関する実務を行う建築士が該当しますので、建築士事務所の開設者との雇用関係の有無にかかわらず、開設者と使用従属関係が認められる場合は所属建築士に該当します。

(4) 建築士事務所の登録申請における様式の変更等

施行規則 第五書式 （建築士事務所登録申請書）

第五号書式(第二十条関係)(A4)

| 正 | 副 | 一級
二級
木造 | 建築士事務所登録申請書
（第一面） | ※手数料欄 |

〔記入注意〕
1 ※印欄は、記入しないでください。
2 登録申請者氏名（法人にあつては、その代表者の氏名）の記載を自署で行う場合においては、押印を省略することができます。
3 □のある欄は、該当する□の中にレ印を付けてください。
4 現登録年月日及び登録番号の欄は、更新の登録を受けようとする場合に記入してください。

一級
二級　建築士事務所の登録を申請します。この申請書及び添付書類の記載事項は事実に
木造
相違ありません。
　平成　年　月　日

　　　　　　　　　　　　　登録申請者氏名　　　　　　　　　　　　　　　　印

知事
指定事務所登録機関　殿
（名称）

建築士事務所	名称（ふりがな）	
	所在地	電話　　　　番
	一級建築士事務所、二級建築士事務所又は木造建築士事務所の別	

登録申請者	個人であるとき	氏名（ふりがな）		建築士の資格	一級建築士　□ 二級建築士　□ 木造建築士　□ な　　し　□
		住所			
	法人であるとき	名称（ふりがな）			
		事務所所在地			

建築士事務所を管理する建築士	氏名（ふりがな）		登録番号	
	一級建築士、二級建築士又は木造建築士の別		登録を受けた都道府県名（二級建築士又は木造建築士の場合）	
	管理建築士講習を修了した年月日	平成　年　月　日	修了証番号	

	現登録年月日及び登録番号	平成　年　月　日 （都道府県）知事登録　第　　号	※審査	
新規 □　更新 □	※登録年月日及び登録番号	平成　年　月　日 （都道府県）知事登録　第　　号		

(第二面)
所属建築士名簿

〔記入注意〕
全ての所属建築士についてこの書類に記入しきれない場合は、備考の「有」の□の中にレを付けたうえで、この書類に記入しきれない部分を別紙に記入して添えてください。

ふりがな 氏　　名	一級建築士、二級建築士又は木造建築士の別	登録番号	登録を受けた都道府県名（二級建築士又は木造建築士の場合）	構造設計一級建築士又は設備設計一級建築士である場合にあつては、その旨	構造設計一級建築士証又は設備設計一級建築士証の交付番号

（備考）
別紙　有　□
　　　無　□

計　　　　　一級建築士　　　　名
　　　　　　二級建築士　　　　名
　　　　　　木造建築士　　　　名
　　　　　　構造設計一級建築士　名
　　　　　　設備設計一級建築士　名

(第三面)
役員名簿

〔記入注意〕
1 この書類は、申請者が法人である場合にのみ提出してください。
2 全ての役員についてこの書類に記入しきれない場合は、備考の「有」の□の中にレを付けたうえで、この書類に記入しきれない部分を別紙に記入して添えてください。

ふりがな 氏　名	役　名	生　年　月　日
男・女		明治・大正 昭和・平成　　年　　月　　日
男・女		明治・大正 昭和・平成　　年　　月　　日
男・女		明治・大正 昭和・平成　　年　　月　　日
男・女		明治・大正 昭和・平成　　年　　月　　日
男・女		明治・大正 昭和・平成　　年　　月　　日
男・女		明治・大正 昭和・平成　　年　　月　　日
男・女		明治・大正 昭和・平成　　年　　月　　日
男・女		明治・大正 昭和・平成　　年　　月　　日
男・女		明治・大正 昭和・平成　　年　　月　　日
男・女		明治・大正 昭和・平成　　年　　月　　日
男・女		明治・大正 昭和・平成　　年　　月　　日
男・女		明治・大正 昭和・平成　　年　　月　　日
男・女		明治・大正 昭和・平成　　年　　月　　日
男・女		明治・大正 昭和・平成　　年　　月　　日
男・女		明治・大正 昭和・平成　　年　　月　　日

(備考)
　別紙　有　□
　　　　無　□

> 施行規則第19条（添付書類）
> 　法第二十三条第一項又は第三項の規定により建築士事務所について登録を受けようとする者（以下「登録申請者」という。）は、法第二十三条の二の登録申請書の正本及び副本にそれぞれ次に掲げる書類を添付しなければならない。
> 　一〜四　（略）
> 　五　登録申請者が法人である場合には、定款及び登記事項証明書

　建築士事務所の登録事項に所属建築士の氏名等が追加されること及び暴力団排除規定が整備されることに伴い、建築士事務所登録における申請様式（第五号書式）を変更するとともに、登録申請者が法人である場合にその役員について確認するため、申請時の添付書類に当該法人の登記事項証明書を追加しています。

２．法律、政省令の新旧対照表等

◎建築士法の一部を改正する法律（平成26年法律第92号）
　新旧対照表

○建築士法（昭和25年法律第202号）（抄）

（傍線部分は改正部分）

新	旧
目次	目次
第１章～第３章　　（略）	第１章～第３章　　（略）
第４章　業務（第18条—第22条の３）	第４章　業務（第18条—第22条の３）
第４章の２　設計受託契約等（第22条の３の２—第22条の３の４）	（新設）
第５章～第10章　　（略）	第５章～第10章　　（略）
附則	附則
（定義）	（定義）
第２条　（略）	第２条　（略）
２～４　（略）	２～４　（略）
５　この法律で「建築設備士」とは、建築設備に関する知識及び技能につき国土交通大臣が定める資格を有する者をいう。	（新設）
６～10　（略）	５～９　（略）
（免許の登録）	（免許の登録）
第５条　（略）	第５条　（略）
２　（略）	２　（略）
３　一級建築士、二級建築士又は木造建築士は、一級建築士免許証、二級建築士免許証又は木造建築士免許証に記載された事項等に変更があつたときは、一級建築士にあつては国土交通大臣に、二級建築	（新設）

70

土又は木造建築士にあつては免許を受けた都道府県知事に対し、一級建築士免許証、二級建築士免許証又は木造建築士免許証の書換え交付を申請することができる。
<u>4～6</u>　（略）

（報告、検査等）
<u>第10条の2</u>　<u>国土交通大臣は、建築士の業務の適正な実施を確保するため必要があると認めるときは、一級建築士に対しその業務に関し必要な報告を求め、又はその職員に、建築士事務所その他業務に関係のある場所に立ち入り、図書その他の物件を検査させ、若しくは関係者に質問させることができる。</u>
<u>2</u>　<u>都道府県知事は、建築士の業務の適正な実施を確保するため必要があると認めるときは、二級建築士若しくは木造建築士に対しその業務に関し必要な報告を求め、又はその職員に、建築士事務所その他業務に関係のある場所に立ち入り、図書その他の物件を検査させ、若しくは関係者に質問させることができる。</u>
<u>3</u>　<u>前2項の規定により立入検査をする職員は、その身分を示す証明書を携帯し、関係者に提示しなければならない。</u>
<u>4</u>　<u>第1項及び第2項の規定による立入検査の権限は、犯罪捜査のために認められたものと解釈してはならない。</u>

3～5　（略）

（新設）

（構造設計一級建築士証及び設備設計一級建築士証の交付等） 第10条の2の2　（略） 2・3　（略） <u>4　構造設計一級建築士証又は設備設計一級建築士証の交付を受けた一級建築士（以下それぞれ「構造設計一級建築士」又は「設備設計一級建築士」という。）は、構造設計一級建築士証又は設備設計一級建築士証に記載された事項等に変更があつたときは、国土交通大臣に対し、構造設計一級建築士証又は設備設計一級建築士証の書換え交付を申請することができる。</u> <u>5</u>　構造設計一級建築士又は設備設計一級建築士は、第9条第1項又は<u>第10条第1項</u>の規定によりその免許を取り消されたときは、速やかに、構造設計一級建築士証又は設備設計一級建築士証を国土交通大臣に返納しなければならない。 <u>6</u>　（略） （報告、検査等） 第10条の13　（略） <u>2　第10条の2第3項及び第4項の規定は、前項の規定による立入検査について準用する。</u> （削除）	（構造設計一級建築士証及び設備設計一級建築士証の交付等） 第10条の2　（略） 2・3　（略） （新設） 4　<u>構造設計一級建築士証又は設備設計一級建築士証の交付を受けた一級建築士（以下それぞれ「構造設計一級建築士」又は「設備設計一級建築士」という。）は、</u>第9条第1項又は<u>前条第1項</u>の規定によりその免許を取り消されたときは、速やかに、構造設計一級建築士証又は設備設計一級建築士証を国土交通大臣に返納しなければならない。 5　（略） （報告、検査等） 第10条の13　（略） 2　<u>前項の規定により立入検査をする職員は、その身分を示す証明書を携帯し、関係者に提示しなければならない。</u> 3　<u>第1項の規定による立入検査の</u>

（中央指定登録機関が一級建築士登録等事務を行う場合における規定の適用等）

第10条の19　中央指定登録機関が一級建築士登録等事務を行う場合における第5条第2項から第4項まで及び第6項、第5条の2第1項、第6条並びに第10条の2の2の規定の適用については、これらの規定（第5条第2項、第5条の2第1項並びに第10条の2の2第1項各号及び第2項第二号を除く。）中「一級建築士免許証」とあるのは「一級建築士免許証明書」と、「国土交通大臣」とあり、及び「国土交通省」とあるのは「中央指定登録機関」と、「国に」とあるのは「中央指定登録機関に」と、第5条第2項中「国土交通大臣」とあるのは「中央指定登録機関（第10条の4第1項に規定する中央指定登録機関をいう。以下同じ。）」と、「一級建築士又は」とあるのは「前項の規定により一級建築士名簿に登録をし、又は」と、同項及び第5条の2第1項中「一級建築士免許証」とあるのは「一級建築士免許証明書」とする。

2　（略）

3　第1項の規定により読み替えて適用する第5条第6項及び第10条の2の2第6項の規定並びに前項

権限は、犯罪捜査のために認められたものと解釈してはならない。

（中央指定登録機関が一級建築士登録等事務を行う場合における規定の適用等）

第10条の19　中央指定登録機関が一級建築士登録等事務を行う場合における第5条第2項、第3項及び第5項、第5条の2第1項、第6条並びに第10条の2の規定の適用については、これらの規定（第5条第2項、第5条の2第1項並びに第10条の2第1項各号及び第2項第二号を除く。）中「一級建築士免許証」とあるのは「一級建築士免許証明書」と、「国土交通省」とあるのは「中央指定登録機関」と、「国に」とあるのは「中央指定登録機関に」と、第5条第2項中「国土交通大臣」とあるのは「中央指定登録機関（第10条の4第1項に規定する中央指定登録機関をいう。以下同じ。）」と、「一級建築士又は」とあるのは「前項の規定により一級建築士名簿に登録をし、又は」と、同項及び第5条の2第1項中「一級建築士免許証」とあるのは「一級建築士免許証明書」とする。

2　（略）

3　第1項の規定により読み替えて適用する第5条第5項及び第10条の2第5項の規定並びに前項の規

の規定により中央指定登録機関に納められた手数料は、中央指定登録機関の収入とする。 （都道府県指定登録機関が二級建築士等登録事務を行う場合における規定の適用等） 第10条の21　都道府県指定登録機関が二級建築士等登録事務を行う場合における第５条第２項から第４項まで、第５条の２第１項及び第６条の規定の適用については、これらの規定（第５条第２項及び第５条の２第１項を除く。）中「都道府県知事」とあるのは「都道府県指定登録機関」と、第５条第２項中「都道府県知事」とあるのは「都道府県指定登録機関（第10条の20第１項に規定する都道府県指定登録機関をいう。以下同じ。）」と、「一級建築士又は二級建築士若しくは木造建築士の免許を与えた」とあるのは「一級建築士の免許を与え、又は前項の規定により二級建築士名簿若しくは木造建築士名簿に登録をした」と、同項、同条第３項及び第４項並びに第５条の２第１項中「二級建築士免許証」とあるのは「二級建築士免許証明書」と、「木造建築士免許証」とあるのは「木造建築士免許証明書」と、第６条第１項中「都道府県」とあるのは「都道府県指定登録機関」とする。 ２　（略）	定により中央指定登録機関に納められた手数料は、中央指定登録機関の収入とする。 （都道府県指定登録機関が二級建築士等登録事務を行う場合における規定の適用等） 第10条の21　都道府県指定登録機関が二級建築士等登録事務を行う場合における第５条第２項及び第３項、第５条の２第１項並びに第６条の規定の適用については、これらの規定（第５条第２項及び第５条の２第１項を除く。）中「都道府県知事」とあるのは「都道府県指定登録機関」と、第５条第２項中「都道府県知事」とあるのは「都道府県指定登録機関（第10条の20第１項に規定する都道府県指定登録機関をいう。以下同じ。）」と、「一級建築士又は二級建築士若しくは木造建築士の免許を与えた」とあるのは「一級建築士の免許を与え、又は前項の規定により二級建築士名簿若しくは木造建築士名簿に登録をした」と、同項、同条第３項及び第５条の２第１項中「二級建築士免許証」とあるのは「二級建築士免許証明書」と、「木造建築士免許証」とあるのは「木造建築士免許証明書」と、第６条第１項中「都道府県」とあるのは「都道府県指定登録機関」とする。 ２　（略）

（構造設計一級建築士講習又は設備設計一級建築士講習の講習機関の登録） 第10条の22　<u>第10条の2の2第1項第一号</u>の登録（第11条を除き、以下この章において単に「登録」という。）は、別表第1の各項の講習の欄に掲げる講習の区分ごとに、これらの講習の実施に関する事務（以下この章において「講習事務」という。）を行おうとする者の申請により行う。 （報告、検査等） 第10条の34　（略） 2　<u>第10条の2第3項及び第4項</u>の規定は、前項の規定による立入検査について準用する。 （国土交通省令及び都道府県の規則への委任） 第11条　この章に規定するもののほか、一級建築士の免許の申請、登録の訂正及び抹消並びに住所等の届出、一級建築士免許証及び一級建築士免許証明書の交付、書換え交付、再交付及び返納その他一級建築士の免許に関して必要な事項並びに<u>第10条の2の2第1項第一号</u>の登録、同号及び同条第2項第一号の講習、登録講習機関その他構造設計一級建築士証及び設備設計一級建築士証の交付、書換え交付、再交付及び返納に関して必要な事項は、国土交通省令で定める。	（構造設計一級建築士講習又は設備設計一級建築士講習の講習機関の登録） 第10条の22　<u>第10条の2第1項第一号</u>の登録（第11条を除き、以下この章において単に「登録」という。）は、別表第1の各項の講習の欄に掲げる講習の区分ごとに、これらの講習の実施に関する事務（以下この章において「講習事務」という。）を行おうとする者の申請により行う。 （報告、検査等） 第10条の34　（略） 2　<u>第10条の13第2項及び第3項</u>の規定は、前項の規定による立入検査について準用する。 （国土交通省令及び都道府県の規則への委任） 第11条　この章に規定するもののほか、一級建築士の免許の申請、登録の訂正及び抹消並びに住所等の届出、一級建築士免許証及び一級建築士免許証明書の交付、書換え交付、再交付及び返納その他一級建築士の免許に関して必要な事項並びに<u>第10条の2第1項第一号</u>の登録、同号及び同条第2項第一号の講習、登録講習機関その他構造設計一級建築士証及び設備設計一級建築士証の交付、書換え交付、再交付及び返納に関して必要な事項は、国土交通省令で定める。

2　（略）	2　（略）
（設計及び工事監理）	（設計及び工事監理）
第18条　（略）	第18条　（略）
2・3　（略）	2・3　（略）
<u>4　建築士は、延べ面積が2000平方メートルを超える建築物の建築設備に係る設計又は工事監理を行う場合においては、建築設備士の意見を聴くよう努めなければならない。ただし、設備設計一級建築士が設計を行う場合には、設計に関しては、この限りでない。</u>	（新設）
<u>（建築士免許証等の提示）</u> <u>第19条の2　一級建築士、二級建築士又は木造建築士は、第23条第1項に規定する設計等の委託者（委託しようとする者を含む。）から請求があつたときは、一級建築士免許証、二級建築士免許証若しくは木造建築士免許証又は一級建築士免許証明書、二級建築士免許証明書若しくは木造建築士免許証明書を提示しなければならない。</u>	（新設）
（業務に必要な表示行為）	（業務に必要な表示行為）
第20条　（略）	第20条　（略）
2〜4　（略）	2〜4　（略）
5　建築士は、大規模の建築物その他の建築物の建築設備に係る設計又は工事監理を行う場合において、<u>建築設備士</u>の意見を聴いたときは、第1項の規定による設計図書又は第3項の規定による報告書（前項前段に規定する方法により	5　建築士は、大規模の建築物その他の建築物の建築設備に係る設計又は工事監理を行う場合において、<u>建築設備に関する知識及び技能につき国土交通大臣が定める資格を有する者</u>の意見を聴いたときは、第1項の規定による設計図書

報告が行われた場合にあつては、当該報告の内容)において、その旨を明らかにしなければならない。	又は第３項の規定による報告書（前項前段に規定する方法により報告が行われた場合にあつては、当該報告の内容）において、その旨を明らかにしなければならない。
第４章の２　設計受託契約等	（新設）
（設計受託契約等の原則） 第22条の３の２　設計又は工事監理の委託を受けることを内容とする契約（以下それぞれ「設計受託契約」又は「工事監理受託契約」という。）の当事者は、各々の対等な立場における合意に基づいて公正な契約を締結し、信義に従つて誠実にこれを履行しなければならない。	（新設）
（延べ面積が300平方メートルを超える建築物に係る契約の内容） 第22条の３の３　延べ面積が300平方メートルを超える建築物の新築に係る設計受託契約又は工事監理受託契約の当事者は、前条の趣旨に従つて、契約の締結に際して次に掲げる事項を書面に記載し、署名又は記名押印をして相互に交付しなければならない。 一　設計受託契約にあつては、作成する設計図書の種類 二　工事監理受託契約にあつては、工事と設計図書との照合の方法及び工事監理の実施の状況に関する報告の方法	（新設）

三　当該設計又は工事監理に従事することとなる建築士の氏名及びその者の一級建築士、二級建築士又は木造建築士の別並びにその者が構造設計一級建築士又は設備設計一級建築士である場合にあつては、その旨
　四　報酬の額及び支払の時期
　五　契約の解除に関する事項
　六　前各号に掲げるもののほか、国土交通省令で定める事項
 2 　延べ面積が300平方メートルを超える建築物の新築に係る設計受託契約又は工事監理受託契約の当事者は、設計受託契約又は工事監理受託契約の内容で前項各号に掲げる事項に該当するものを変更するときは、その変更の内容を書面に記載し、署名又は記名押印をして相互に交付しなければならない。
 3 　建築物を増築し、改築し、又は建築物の大規模の修繕若しくは大規模の模様替をする場合においては、当該増築、改築、修繕又は模様替に係る部分の新築とみなして前2項の規定を適用する。
 4 　第20条第4項の規定は、第1項又は第2項の規定による書面の交付について準用する。この場合において、同条第4項中「建築士」とあるのは「設計受託契約又は工事監理受託契約の当事者」と、「建築主」とあるのは「契約の相手方」と、「当該結果」とあるのは「当該書面に記載すべき事項」

と、「報告する」とあるのは「通知する」と、「文書での報告をした」とあるのは「書面を交付した」と読み替えるものとする。
5　設計受託契約又は工事監理受託契約の当事者が、第1項の規定により書面を相互に交付した場合（前項の規定により読み替えて準用する第20条第4項の規定により書面を交付したものとみなされる場合を含む。）には、第24条の8第1項の規定は、適用しない。

（適正な委託代金）
第22条の3の4　設計受託契約又は工事監理受託契約を締結しようとする者は、第25条に規定する報酬の基準に準拠した委託代金で設計受託契約又は工事監理受託契約を締結するよう努めなければならない。

（新設）

　　　　第6章　建築士事務所

（登録の申請）
第23条の2　前条第1項又は第3項の規定により建築士事務所について登録を受けようとする者（以下「登録申請者」という。）は、次に掲げる事項を記載した登録申請書をその建築士事務所の所在地を管轄する都道府県知事に提出しなければならない。
　一〜四　（略）
　五　建築士事務所に属する建築士の氏名及びその者の一級建築

　　　　第6章　建築士事務所

（登録の申請）
第23条の2　前条第1項又は第3項の規定により建築士事務所について登録を受けようとする者（以下「登録申請者」という。）は、次に掲げる事項を記載した登録申請書をその建築士事務所の所在地を管轄する都道府県知事に提出しなければならない。
　一〜四　（略）
　（新設）

士、二級建築士又は木造建築士の別	
六　（略）	五　（略）
（登録の拒否）	（登録の拒否）
第23条の4　都道府県知事は、登録申請者が次の各号のいずれかに該当する場合又は登録申請書に重要な事項についての虚偽の記載があり、若しくは重要な事実の記載が欠けている場合においては、その登録を拒否しなければならない。	第23条の4　都道府県知事は、登録申請者が次の各号のいずれかに該当する場合又は登録申請書に重要な事項についての虚偽の記載があり、若しくは重要な事実の記載が欠けている場合においては、その登録を拒否しなければならない。
一～四　（略）	一～四　（略）
五　<u>暴力団員による不当な行為の防止等に関する法律（平成3年法律第77号）第2条第六号に規定する暴力団員又は同号に規定する暴力団員でなくなつた日から5年を経過しない者（第八号において「暴力団員等」という。）</u>	（新設）
六　（略）	五　（略）
七　法人でその役員のうちに第一号から<u>第五号</u>までのいずれかに該当する者のあるもの	六　法人でその役員のうちに第一号から<u>第四号</u>までのいずれかに該当する者のあるもの
八　<u>暴力団員等がその事業活動を支配する者</u>	（新設）
九　（略）	八　（略）
2・3　（略）	2・3　（略）
（変更の届出）	（変更の届出）
第23条の5　第23条の3第1項の規定により建築士事務所について登録を受けた者（以下「建築士事務所の開設者」という。）は、第23条の2第一号、<u>第三号、第四号又</u>	第23条の5　第23条の3第1項の規定により建築士事務所について登録を受けた者（以下「建築士事務所の開設者」という。）は、第23条の2第一号<u>又は第三号から第五</u>

は第六号に掲げる事項について変更があつたときは、2週間以内に、その旨を当該都道府県知事に届け出なければならない。 2　建築士事務所の開設者は、第23条の2第五号に掲げる事項について変更があつたときは、3月以内に、その旨を当該都道府県知事に届け出なければならない。 3　第23条の3第1項及び前条の規定は、前2項の規定による変更の届出があつた場合に準用する。	号までに掲げる事項について変更があつたときは、2週間以内に、その旨を当該都道府県知事に届け出なければならない。 （新設） 2　第23条の3第1項及び前条の規定は、前項の規定による変更の届出があつた場合に準用する。
（建築士事務所の管理） 第24条　（略） 2　（略） 3　管理建築士は、その建築士事務所の業務に係る次に掲げる技術的事項を総括するものとする。 一　受託可能な業務の量及び難易並びに業務の内容に応じて必要となる期間の設定 二　受託しようとする業務を担当させる建築士その他の技術者の選定及び配置 三　他の建築士事務所との提携及び提携先に行わせる業務の範囲の案の作成 四　建築士事務所に属する建築士その他の技術者の監督及びその業務遂行の適正の確保	（建築士事務所の管理） 第24条　（略） 2　（略） 3　管理建築士は、その建築士事務所の業務に係る技術的事項を総括し、その者と建築士事務所の開設者が異なる場合においては、建築士事務所の開設者に対し、技術的観点からその業務が円滑かつ適正に行われるよう必要な意見を述べるものとする。 （新設） （新設） （新設） （新設）

<u>4　管理建築士は、その者と建築士事務所の開設者とが異なる場合においては、建築士事務所の開設者に対し、前項各号に掲げる技術的事項に関し、その建築士事務所の業務が円滑かつ適切に行われるよう必要な意見を述べるものとする。</u>	（新設）
<u>5　建築士事務所の開設者は、前項の規定による管理建築士の意見を尊重しなければならない。</u>	（新設）
（再委託の制限） 第24条の3　（略） 2　建築士事務所の開設者は、委託者の許諾を得た場合においても、委託を受けた設計又は工事監理（いずれも<u>延べ面積が300平方メートルを超える建築物の新築工事に係るものに限る。</u>）の業務を、それぞれ一括して他の建築士事務所の開設者に委託してはならない。	（再委託の制限） 第24条の3　（略） 2　建築士事務所の開設者は、委託者の許諾を得た場合においても、委託を受けた設計又は工事監理（いずれも<u>共同住宅その他の多数の者が利用する建築物で政令で定めるものであつて政令で定める規模以上のものの新築工事に係るものに限る。</u>）の業務を、それぞれ一括して他の建築士事務所の開設者に委託してはならない。
（重要事項の説明等） 第24条の7　建築士事務所の開設者は、<u>設計受託契約又は工事監理受託契約</u>を建築主と締結しようとするときは、あらかじめ、当該建築主に対し、管理建築士その他の当該建築士事務所に属する建築士（次項において「管理建築士等」という。）をして、設計受託契約又は工事監理受託契約の内容及びその履行に関する次に掲げる事項	（重要事項の説明等） 第24条の7　建築士事務所の開設者は、<u>設計又は工事監理の委託を受けることを内容とする契約（以下それぞれ「設計受託契約」又は「工事監理受託契約」という。）</u>を建築主と締結しようとするときは、あらかじめ、当該建築主に対し、管理建築士その他の当該建築士事務所に属する建築士（次項において「管理建築士等」という。）

について、これらの事項を記載した書面を交付して説明をさせなければならない。 　一～六　（略） ２　（略） （書面の交付） 第24条の8　建築士事務所の開設者は、設計受託契約又は工事監理受託契約を締結したときは、遅滞なく、国土交通省令で定めるところにより、次に掲げる事項を記載した書面を当該委託者に交付しなければならない。 　一　<u>第22条の3の3第1項各号に掲げる事項</u> 　（削除） 　（削除） 　二　<u>前号に掲げるもののほか、設計受託契約又は工事監理受託契約の内容及びその履行に関する事項で国土交通省令で定めるもの</u> ２　（略） 　<u>（保険契約の締結等）</u> <u>第24条の9　建築士事務所の開設者は、設計等の業務に関し生じた損害を賠償するために必要な金額を</u>	をして、設計受託契約又は工事監理受託契約の内容及びその履行に関する次に掲げる事項について、これらの事項を記載した書面を交付して説明をさせなければならない。 　一～六　（略） ２　（略） （書面の交付） 第24条の8　建築士事務所の開設者は、設計受託契約又は工事監理受託契約を締結したときは、遅滞なく、国土交通省令で定めるところにより、次に掲げる事項を記載した書面を当該委託者に交付しなければならない。 　一　<u>前条第1項各号に掲げる事項</u> 　二　<u>設計又は工事監理の種類及び内容（前号に掲げる事項を除く。）</u> 　三　<u>設計又は工事監理の実施の期間及び方法（第一号に掲げる事項を除く。）</u> 　四　前三号に掲げるもののほか、設計受託契約又は工事監理受託契約の内容及びその履行に関する事項で国土交通省令で定めるもの ２　（略） （新設）

担保するための保険契約の締結その他の措置を講ずるよう努めなければならない。	
（業務の報酬）	（業務の報酬）
第25条　国土交通大臣は、中央建築士審査会の同意を得て、建築士事務所の開設者がその業務に関して請求することのできる報酬の基準を<u>定める</u>ことができる。	第25条　国土交通大臣は、中央建築士審査会の同意を得て、建築士事務所の開設者がその業務に関して請求することのできる報酬の基準を<u>定め、これを勧告す</u>ることができる。
（監督処分）	（監督処分）
第26条　都道府県知事は、建築士事務所の開設者が次の各号のいずれかに該当する場合においては、当該建築士事務所の登録を取り消さなければならない。	第26条　都道府県知事は、建築士事務所の開設者が次の各号のいずれかに該当する場合においては、当該建築士事務所の登録を取り消さなければならない。
一　（略）	一　（略）
二　第23条の4第1項第一号、第二号、第五号、<u>第六号</u>（同号に規定する未成年者でその法定代理人（法定代理人が法人である場合においては、その役員を含む。）が同項第四号に該当するものに係る部分を除く。）、<u>第七号</u>（法人でその役員のうちに同項第四号に該当する者のあるものに係る部分を除く。）、<u>第八号又は第九号</u>のいずれかに該当するに至つたとき。	二　第23条の4第1項第一号、第二号、第五号（同号に規定する未成年者でその法定代理人（法定代理人が法人である場合においては、その役員を含む。）が同項第四号に該当するものに係る部分を除く。）、<u>第六号</u>（法人でその役員のうちに同項第4号に該当する者のあるものに係る部分を除く。）<u>又は第七号</u>のいずれかに該当するに至つたとき。
三　（略）	三　（略）
2　都道府県知事は、建築士事務所につき次の各号のいずれかに該当する事実がある場合においては、当該建築士事務所の開設者に対	2　都道府県知事は、建築士事務所につき次の各号のいずれかに該当する事実がある場合においては、当該建築士事務所の開設者に対

し、戒告し、若しくは１年以内の期間を定めて当該建築士事務所の閉鎖を命じ、又は当該建築士事務所の登録を取り消すことができる。 二　建築士事務所の開設者が第22条の3の3第1項から第4項まで又は第24条の2から第24条の8までの規定のいずれかに違反したとき。 二　（略） 三　建築士事務所の開設者が第23条の5第1項又は第2項の規定による変更の届出をせず、又は虚偽の届出をしたとき。 （削除） 四～十　（略） 3・4　（略） （報告及び検査） 第26条の2　都道府県知事は、第10条の2第2項に定めるもののほか、この法律の施行に関し必要があると認めるときは、建築士事務所の開設者若しくは管理建築士に対し、必要な報告を求め、又は当該職員をして建築士事務所に立ち入り、図書その他の物件を検査させることができる。 2　第10条の2第3項及び第4項の規定は、前項の規定による立入検査について準用する。 　　（指定事務所登録機関が事務所登	し、戒告し、若しくは１年以内の期間を定めて当該建築士事務所の閉鎖を命じ、又は当該建築士事務所の登録を取り消すことができる。 （新設） 二　（略） 二　建築士事務所の開設者が第23条の5第1項の規定による変更の届出をせず、又は虚偽の届出をしたとき。 三　建築士事務所の開設者が第24条の2から第24条の8までの規定のいずれかに違反したとき。 四～十　（略） 3・4　（略） （報告及び検査） 第26条の2　都道府県知事は、この法律の施行に関し必要があると認めるときは、建築士事務所の開設者若しくは管理建築士に対し、必要な報告を求め、又は当該職員をして建築士事務所に立ち入り、図書その他の物件を検査させることができる。 2　第10条の13第2項及び第3項の規定は、前項の規定による立入検査について準用する。 　　（指定事務所登録機関が事務所登

録等事務を行う場合における規定の適用等）	録等事務を行う場合における規定の適用等）
第26条の4　指定事務所登録機関が事務所登録等事務を行う場合における第23条第1項、第23条の2から第23条の4まで、第23条の5第1項<u>及び第2項</u>、第23条の7、第23条の8第1項並びに<u>第23条の9</u>の規定の適用については、これらの規定（第23条第1項、第23条の2及び第23条の9を除く。）中「都道府県知事」とあるのは「指定事務所登録機関」と、第23条第1項中「都道府県知事」とあるのは「指定事務所登録機関（第26条の3第1項に規定する指定事務所登録機関をいう。以下同じ。）」と、第23条の2中「都道府県知事」とあるのは「都道府県知事の第26条の3第1項の指定を受けた者」と、第23条の8第1項第三号中「登録」とあるのは「都道府県知事が登録」と、第23条の9中「次に掲げる書類」とあるのは「次に掲げる書類（登録簿及び第26条の3第1項の国土交通省令で定める書類を除く。）」とする。	第26条の4　指定事務所登録機関が事務所登録等事務を行う場合における第23条第1項、第23条の2から第23条の4まで、第23条の5第1項、第23条の7、第23条の8第1項<u>及び第23条の9の規定の適用</u>については、これらの規定（第23条第1項、第23条の2及び第23条の9を除く。）中「都道府県知事」とあるのは「指定事務所登録機関」と、第23条第1項中「都道府県知事」とあるのは「指定事務所登録機関（第26条の3第1項に規定する指定事務所登録機関をいう。以下同じ。）」と、第23条の2中「都道府県知事」とあるのは「都道府県知事の第26条の3第1項の指定を受けた者」と、第23条の8第1項第三号中「登録」とあるのは「都道府県知事が登録」と、第23条の9中「次に掲げる書類」とあるのは「次に掲げる書類（登録簿及び第26条の3第1項の国土交通省令で定める書類を除く。）」とする。
2　（略）	2　（略）
第38条　次の各号のいずれかに該当する者は、1年以下の懲役又は百万円以下の罰金に処する。 　一～四　（略） 　五　第10条の36第2項（第22条の3第2項及び第26条の5第2項において準用する場合を含む。）	第38条　次の各号のいずれかに該当する者は、1年以下の懲役又は百万円以下の罰金に処する。 　一～四　（略） 　五　第10条の36第2項（第22条の3第2項及び第26条の5第2項において準用する場合を含む。）

改正後	改正前
の規定による講習事務（第10条の22に規定する講習事務、第22条の3第2項において読み替えて準用する第10条の24第1項第一号に規定する講習事務及び第26条の5第2項において読み替えて準用する第10条の24第1項第一号に規定する講習事務をいう。<u>第41条第八号</u>において同じ。）の停止の命令に違反した者 六～十三　（略）	の規定による講習事務（第10条の22に規定する講習事務、第22条の3第2項において読み替えて準用する第10条の24第1項第一号に規定する講習事務及び第26条の5第2項において読み替えて準用する第10条の24第1項第一号に規定する講習事務をいう。<u>第41条第五号</u>において同じ。）の停止の命令に違反した者 六～十三　（略）
第41条　次の各号のいずれかに該当する者は、30万円以下の罰金に処する。 <u>一</u>　<u>第10条の2第1項又は第2項の規定による報告をせず、又は虚偽の報告をした者</u> <u>二</u>　<u>第10条の2第1項又は第2項の規定による検査を拒み、妨げ、又は忌避した者</u> <u>三</u>　<u>第10条の2第1項又は第2項の規定による質問に対して答弁せず、又は虚偽の答弁をした者</u> 四～八　（略） <u>九</u>　第23条の5第1項<u>又は第2項</u>の規定による変更の届出をせず、又は虚偽の届出をした者 十～十八　（略）	第41条　次の各号のいずれかに該当する者は、30万円以下の罰金に処する。 （新設） （新設） （新設） 一～五　（略） 六　第23条の5第1項の規定による変更の届出をせず、又は虚偽の届出をした者 七～十五　（略）
第44条　次の各号のいずれかに該当する者は、10万円以下の過料に処する。 一　<u>第5条第4項</u>（第10条の19第1項及び第10条の21第1項の規	第44条　次の各号のいずれかに該当する者は、10万円以下の過料に処する。 一　<u>第5条第3項</u>（第10条の19第1項及び第10条の21第1項の規

定により読み替えて適用される場合を含む。)、第8条の2、<u>第10条の2の2第5項</u>（第10条の19第1項の規定により読み替えて適用される場合を含む。)、第23条の7（第26条の4第1項の規定により読み替えて適用される場合を含む。）又は第24条の7第2項の規定に違反した者 二～四　　（略）	定により読み替えて適用される場合を含む。)、第8条の2、<u>第10条の2第4項</u>（第10条の19第1項の規定により読み替えて適用される場合を含む。)、第23条の7（第26条の4第1項の規定により読み替えて適用される場合を含む。）又は第24条の7第2項の規定に違反した者 二～四　　（略）
別表第1（<u>第10条の2の2</u>、第10条の22、第10条の24関係） （以下略）	別表第1（<u>第10条の2</u>、第10条の22、第10条の24関係） （以下略）

◎建築士法の一部を改正する法律（平成26年法律第92号）　附則

（施行期日）
第１条　この法律は、公布の日から起算して１年を超えない範囲内において政令で定める日から施行する。

（経過措置）
第２条　この法律による改正後の建築士法（以下「新法」という。）第22条の３の３の規定は、この法律の施行の日（以下「施行日」という。）前に締結された契約の当事者については、適用しない。

第３条　建築士事務所の開設者（この法律の施行の際現にこの法律による改正前の建築士法第23条の３第１項の規定による登録を受けていた者に限る。第３項において「既登録者」という。）は、施行日から起算して１年以内に新法第23条の２の規定による更新の登録の申請をする場合を除き、施行日から起算して１年以内に、同条第五号に掲げる事項を、当該都道府県知事に届け出なければならない。
２　新法第23条の３第１項及び第23条の４の規定は、前項の規定による届出があった場合に準用する。
３　新法第23条の５第２項の規定は、既登録者については、第１項に規定する更新の登録の申請又は同項の規定による届出があった時から適用する。
４　第１項の規定による届出をせず、又は虚偽の届出をした者は、30万円以下の罰金に処する。
５　法人の代表者又は法人若しくは人の代理人、使用人その他の従業者が、その法人又は人の業務に関し、前項の違反行為をしたときは、その行為者を罰するほか、その法人又は人に対しても同項の刑を科する。

第４条　新法第24条の３第２項の規定は、施行日前に建築士事務所の開設者が委託を受けた設計又は工事監理の業務については、適用しない。

第５条　都道府県知事は、建築士事務所の開設者が附則第３条第１項の規定による届出をせず、又は虚偽の届出をしたときは、当該建築士事務所の開設者に対し、戒告し、若しくは１年以内の期間を定めて当該建築士事務所の閉鎖を命じ、又は当該建築士事務所の登録を取り消すことができる。

2　都道府県知事は、前項の規定により建築士事務所の閉鎖を命じようとするときは、行政手続法（平成5年法律第88号）第13条第1項の規定による意見陳述のための手続の区分にかかわらず、聴聞を行わなければならない。
3　新法第10条第3項、第4項及び第6項の規定は都道府県知事が第1項の規定により建築士事務所の登録を取り消し、又は建築士事務所の閉鎖を命ずる場合について、同条第5項の規定は都道府県知事が第1項の規定による処分をした場合について、それぞれ準用する。

（政令への委任）
第6条　この附則に定めるもののほか、この法律の施行に関して必要な経過措置（罰則に関する経過措置を含む。）は、政令で定める。

◎建築士法施行令及び建築基準法施行令の一部を改正する政令
（平成27年政令第13号）新旧対照表

○建築士法施行令（昭和25年政令第201号）（抄）

（傍線部分は改正部分）

新	旧
（一級建築士免許証又は一級建築士免許証明書の書換え交付等の手数料） 第1条　建築士法（以下「法」という。）第5条第6項（法第10条の19第1項の規定により読み替えて適用する場合を含む。）の政令で定める額は、5,900円とする。 （構造設計一級建築士証又は設備設計一級建築士証の交付等の手数料） 第2条　法第10条の2の2第6項（法第10条の19第1項の規定により読み替えて適用する場合を含む。）の政令で定める額は、次の各号に掲げる一級建築士の区分に応じ、それぞれ当該各号に定める額とする。 一・二　（略） （情報通信の技術を利用する方法） 第7条　（略） 2　（略） 3　前2項の規定は、法第22条の3の3第1項又は第2項の規定により契約の相手方に書面の交付をしようとするときについて準用する。この場合において、前2項中「建築士」とあるのは「設計受託契約又は工事監理受託契約の当事	（一級建築士免許証又は一級建築士免許証明書の書換え交付等の手数料） 第1条　建築士法（以下「法」という。）第5条第5項（法第10条の19第1項の規定により読み替えて適用する場合を含む。）の政令で定める額は、5,900円とする。 （構造設計一級建築士証又は設備設計一級建築士証の交付等の手数料） 第2条　法第10条の2第5項（法第10条の19第1項の規定により読み替えて適用する場合を含む。）の政令で定める額は、次の各号に掲げる一級建築士の区分に応じ、それぞれ当該各号に定める額とする。 一・二　（略） （情報通信の技術を利用する方法） 第7条　（略） 2　（略） 　（新設）

者」と、「結果の報告」とあるのは「書面に記載すべき事項の通知」と読み替えるものとする。 4　第1項及び第2項の規定は、法第24条の8第1項の規定により委託者に書面の交付をしようとするときについて準用する。この場合において、第1項及び第2項中「建築士」とあるのは「建築士事務所の開設者」と、「結果の報告」とあるのは「書面に記載すべき事項の通知」と読み替えるものとする。 （削る）	3　前2項の規定は、法第24条の8第1項の規定により委託者に書面の交付をしようとするときについて準用する。この場合において、前2項中「建築士」とあるのは「建築士事務所の開設者」と、「結果の報告」とあるのは「書面に記載すべき事項の通知」と読み替えるものとする。 （その設計等の業務が再委託の制限の対象となる多数の者が利用する建築物及びその規模） 第8条　法第24条の3第2項の政令で定める建築物は、共同住宅とする。 2　法第24条の3第2項の政令で定める規模は、階数が3で、かつ、床面積の合計が1000平方メートルのものとする。
（建築士審査会の委員等の勤務） 第8条　中央建築士審査会及び都道府県建築士審査会（次条及び第12条において「建築士審査会」と総称する。）の委員及び試験委員は、非常勤とする。 第9条～第12条　（略）	（建築士審査会の委員等の勤務） 第9条　中央建築士審査会及び都道府県建築士審査会（次条及び第13条において「建築士審査会」と総称する。）の委員及び試験委員は、非常勤とする。 第10条～第13条　（略）

◎建築士法施行規則及び建築基準法施行規則の一部を改正する省令
（平成27年国土交通省令第8号）　新旧対照表

○建築士法施行規則（昭和25年建設省令第38号）（抄）

（傍線部分は改正部分）

新	旧
目次 　第1章　　（略） 　第1章の2　免許（第1条の2－第9条の7） 　第2章～第2章の3　　（略） 　第2章の4　定期講習（第17条の36・第17条の37） 　第2章の5　設計受託契約等（第17条の38－第17条の40） 　第3章　建築士事務所（第18条－第22条の6） 　第4章　雑則（第23条・第24条） 　附則	目次 　第1章　　（略） 　第1章の2　免許（第1条の2－第9条の5） 　第2章～第2章の3　　（略） 　第2章の4　定期講習（第17条の36・第17条の37） 　（新設） 　第3章　建築士事務所（第18条－第23条） 　第4章　雑則（第24条） 　附則
（構造設計図書及び設備設計図書） 第1条　建築士法（以下「法」という。）第2条第7項の国土交通省令で定める建築物の構造に関する設計図書は、次に掲げる図書（建築基準法（昭和25年法律第201号）第68条の10第1項の規定により、建築基準法施行令（昭和25年政令第338号）第136条の2の11第一号で定める一連の規定に適合するものであることの認定を受けた型式による建築物の部分を有する建築物に係るものを除く。）とする。 　一～四　　（略） 2　法第2条第7項に規定する国土	（構造設計図書及び設備設計図書） 第1条　建築士法（以下「法」という。）第2条第6項の国土交通省令で定める建築物の構造に関する設計図書は、次に掲げる図書（建築基準法（昭和25年法律第201号）第68条の10第1項の規定により、建築基準法施行令（昭和25年政令第338号）第136条の2の11第一号で定める一連の規定に適合するものであることの認定を受けた型式による建築物の部分を有する建築物に係るものを除く。）とする。 　一～四　　（略） 2　法第2条第6項に規定する国土

93

交通省令で定める建築設備に関する設計図書は、建築基準法施行規則第1条の3第4項の表1の各項の（い）欄に掲げる建築設備の区分に応じそれぞれ当該各項の（ろ）欄に掲げる図書（設備関係規定が適用される建築設備に係るものに限る。）とする。	交通省令で定める建築設備に関する設計図書は、建築基準法施行規則第1条の3第4項の表1の各項の（い）欄に掲げる建築設備の区分に応じそれぞれ当該各項の（ろ）欄に掲げる図書（設備関係規定が適用される建築設備に係るものに限る。）とする。
（登録事項） 第3条　名簿に登録する事項は、次のとおりとする。 一～四　（略） 五　法第10条の2の2第1項第一号若しくは同条第2項第一号又は法第24条第2項に規定する講習の課程を修了した者にあつては、当該講習を修了した年月日及び当該講習の修了証の番号 六～八　（略）	（登録事項） 第3条　名簿に登録する事項は、次のとおりとする。 一～四　（略） 五　法第10条の2第1項第一号若しくは同条第2項第一号又は法第24条第2項に規定する講習の課程を修了した者にあつては、当該講習を修了した年月日及び当該講習の修了証の番号 六～八　（略）
（登録事項の変更） 第4条　（略） 2　国土交通大臣は、前項の届出があつた場合においては、名簿を訂正する。	（登録事項の変更） 第4条　（略） 2　一級建築士は、前項の規定による届出をする場合において、一級建築士免許証（以下「免許証」という。）又は一級建築士免許証明書（以下「免許証明書」という。）に記載された事項に変更があつたときは、免許証の書換え交付を申請しなければならない。 3　国土交通大臣は、第1項の届出があつた場合においては、名簿を訂正し、前項の規定による申請があつたときは、免許証を書き換えて、申請者に交付する。

（免許証の書換え交付） 第4条の2　一級建築士は、前条第1項の規定による届出をする場合において、一級建築士免許証（以下「免許証」という。）又は一級建築士免許証明書（以下「免許証明書」という。）に記載された事項に変更があつたときは、免許証の書換え交付を申請しなければならない。 2　前項及び法第5条第3項の規定により免許証の書換え交付を申請しようとする者は、一級建築士免許証用写真を貼付した免許証書換え交付申請書に免許証又は免許証明書を添え、これを国土交通大臣に提出しなければならない。 3　国土交通大臣は、前項の規定による申請があつた場合においては、免許証を書き換えて、申請者に交付する。	（新設）
（免許の取消しの申請及び免許証等の返納） 第6条　（略） 2・3　（略） 4　一級建築士が法第9条第1項（第一号及び第二号を除き、第三号にあつては法第8条の2第三号に掲げる場合に該当する場合に限る。）又は法第10条第1項の規定により免許を取り消された場合においては、取消しの通知を受けた日から10日以内に、免許証又は免許証明書を国土交通大臣に返納し	（免許の取消しの申請及び免許証等の返納） 第6条　（略） 2・3　（略） 4　一級建築士が法第9条第1項（第一号及び第二号を除き、第三号にあつては法第8条の2第三号に掲げる場合に該当する場合に限る。）又は法第10条第1項の規定により免許を取り消された場合においては、取消しの通知を受けた日から10日以内に、免許証を国土交通大臣に返納しなければならな

なければならない。	い。
（構造設計一級建築士証及び設備設計一級建築士証）	（構造設計一級建築士証及び設備設計一級建築士証）
第9条の3　法<u>第10条の2の2第1項</u>又は同条第2項の規定により、構造設計一級建築士証又は設備設計一級建築士証の交付を申請しようとする者は、第3号の2書式による交付申請書に、次に掲げる書類を添え、これを国土交通大臣に提出しなければならない。	第9条の3　法<u>第10条の2第1項又</u>は同条第2項の規定により、構造設計一級建築士証又は設備設計一級建築士証の交付を申請しようとする者は、第3号の2書式による交付申請書に、次に掲げる書類を添え、これを国土交通大臣に提出しなければならない。
一　法<u>第10条の2の2第1項第一号</u>又は同条第2項第一号に該当する者にあつては、建築士法に基づく中央指定登録機関等に関する省令（平成20年国土交通省令第37号）第28条第十二号に規定する修了証	一　法<u>第10条の2第1項第一号又</u>は同条第2項第一号に該当する者にあつては、建築士法に基づく中央指定登録機関等に関する省令（平成20年国土交通省令第37号）第28条第十二号に規定する修了証
二　法<u>第10条の2の2第1項第二号</u>又は同条第2項第二号に該当する者にあつては、同条第1項第一号又は同条第2項第一号に掲げる一級建築士と同等以上の知識及び技能を有することを証する書類	二　法<u>第10条の2第1項第二号又</u>は同条第2項第二号に該当する者にあつては、同条第1項第一号又は同条第2項第一号に掲げる一級建築士と同等以上の知識及び技能を有することを証する書類
2～4　（略）	2～4　（略）
<u>（構造設計一級建築士証及び設備設計一級建築士証の書換え交付）</u> <u>第9条の4　構造設計一級建築士又は設備設計一級建築士は、第4条第1項の規定による届出をする場合において、構造設計一級建築士証又は設備設計一級建築士証に記載された事項に変更があつたとき</u>	（新設）

96

は、当該構造設計一級建築士証又は設備設計一級建築士証の書換え交付を申請しなければならない。 2　前項及び法第10条の2の2第4項の規定により構造設計一級建築士証又は設備設計一級建築士証の書換え交付を申請しようとする者は、一級建築士免許証用写真を貼付した建築士証書換え交付申請書に構造設計一級建築士証又は設備設計一級建築士証を添え、これを国土交通大臣に提出しなければならない。 3　国土交通大臣は、前項の規定による申請があつた場合においては、構造設計一級建築士証又は設備設計一級建築士証を書き換えて、申請者に交付する。 （構造設計一級建築士証及び設備設計一級建築士証の再交付） 第9条の5　構造設計一級建築士又は設備設計一級建築士は、構造設計一級建築士証又は設備設計一級建築士証を汚損し又は失つた場合においては、遅滞なく、一級建築士免許証用写真を貼付した建築士証再交付申請書にその事由を記載し、汚損した場合にあつてはその構造設計一級建築士証又は設備設計一級建築士証を添え、これを国土交通大臣に提出しなければならない。 2・3　（略） （構造設計一級建築士証及び設備	（構造設計一級建築士証及び設備設計一級建築士証の再交付） 第9条の4　構造設計一級建築士又は設備設計一級建築士は、構造設計一級建築士証又は設備設計一級建築士証を汚損し又は失つた場合においては、遅滞なく、建築士証再交付申請書にその事由を記載し、汚損した場合にあつてはその構造設計一級建築士証又は設備設計一級建築士証を添え、これを国土交通大臣に提出しなければならない。 2・3　（略） （新設）

設計一級建築士証の領置）

第9条の6　国土交通大臣は、法第10条第1項の規定により構造設計一級建築士又は設備設計一級建築士である一級建築士に業務の停止を命じた場合においては、当該一級建築士に対して、構造設計一級建築士証又は設備設計一級建築士証の提出を求め、かつ、処分期間満了までこれを領置することができる。

（規定の適用）

第9条の7　中央指定登録機関が法第10条の4第1項に規定する一級建築士登録等事務を行う場合における第1条の2第1項、第2条、第4条から第5条まで、第6条第4項、第7条及び第9条の2から第9条の5までの規定の適用については、これらの規定中「国土交通大臣」とあるのは「中央指定登録機関」と、第2条第1項中「第二号書式による一級建築士免許証」とあるのは「一級建築士免許証明書」と、第4条の2の見出し及び同条第3項並びに第5条の見出し及び同条第2項中「免許証」とあるのは「免許証明書」と、第4条の2第1項中「免許証の書換え交付」とあるのは「免許証明書の書換え交付」と、同条第2項中「法第5条第3項の規定により免許証」とあるのは「法第10条の19第1項の規定により読み替えて適用される法第5条第3項の規定に

（規定の適用）

第9条の5　中央指定登録機関が法第10条の4第1項に規定する一級建築士登録等事務を行う場合における第1条の2第1項、第2条、第4条、第5条、第6条第4項、第7条、第9条の2、第9条の3及び第9条の4の規定の適用については、これらの規定中「国土交通大臣」とあるのは「中央指定登録機関」と、第2条第1項中「第二号書式による一級建築士免許証」とあるのは「一級建築士免許証明書」と、第4条第2項中「免許証の書換え交付」とあるのは「免許証明書の書換え交付」と、同条第3項、第5条の見出し及び同条第2項並びに第6条第4項中「免許証」とあるのは「免許証明書」と、第5条第3項中「免許証の再交付」とあるのは「免許証明書の再交付」と、第7条第1項中「免許を取り消した場合又は第6条第3項の届出があつた場合」と

より免許証明書」と、第5条第3項中「免許証の再交付」とあるのは「免許証明書の再交付」と、第7条第1項中「免許を取り消した場合又は第6条第3項の届出があつた場合」とあるのは「国土交通大臣が免許を取り消した場合又は建築士法に基づく中央指定登録機関等に関する省令第12条の規定により第6条第3項の規定による届出に係る事項を記載した書類の交付を受けた場合」と、第9条の2第1項中「法第6条第2項」とあるのは「法第10条の19第1項の規定により読み替えて適用される法第6条第2項」と、同条第2項中「告示」とあるのは「公示」と、第9条の3第1項中「法第10条の2の2第1項又は同条第2項」とあるのは「法第10条の19第1項の規定により読み替えて適用される法第10条の2の2第1項又は同条第2項」と、同条第3項中「第3号の3書式による構造設計一級建築士証又は第3号の4書式による設備設計一級建築士証」とあるのは「構造設計一級建築士証又は設備設計一級建築士証」と、第9条の4第2項中「法第10条の2の2第4項」とあるのは「法第10条の19第1項の規定により読み替えて適用される法第10条の2の2第4項」とする。	あるのは「国土交通大臣が免許を取り消した場合又は建築士法に基づく中央指定登録機関等に関する省令第12条の規定により第6条第3項の規定による届出に係る事項を記載した書類の交付を受けた場合」と、第9条の2第1項中「法第6条第2項」とあるのは「法第10条の19第1項の規定により読み替えて適用される法第6条第2項」と、同条第2項中「告示」とあるのは「公示」と、第9条の3第1項中「法第10条の2第1項又は同条第2項」とあるのは「法第10条の19第1項の規定により読み替えて適用される法第10条の2第1項又は同条第2項」と、同条第3項中「第3号の3書式による構造設計一級建築士証又は第3号の4書式による設備設計一級建築士証」とあるのは「構造設計一級建築士証又は設備設計一級建築士証」とする。
（実務の経験の内容）	（実務の経験の内容）
第10条　法第14条第一号及び第四号	第10条　法第14条第一号及び第四号

の国土交通省令で定める建築に関する実務は、次に掲げるものとする。 一　建築物の設計（法第21条に規定する設計をいう。<u>第20条の4第1項第一号</u>において同じ。）に関する実務 二～六　（略） 2・3　（略） （建築設備士） 第17条の18　<u>建築設備士は</u>、国土交通大臣が定める要件を満たし、かつ、次のいずれかに該当する者とする。 一・二　（略） （登録の申請） 第17条の19　（略） 2　（略） 3　前項の申請書には、次に掲げる書類を添付しなければならない。 　一　（略） 　二　法人である場合においては、次に掲げる書類 　　イ　定款及び登記事項証明書 　　ロ～ニ　（略） 　三～六　（略） 第17条の37　次の表の上欄に掲げる講習について、同表の中欄に掲げる一級建築士は、前条の規定にか	の国土交通省令で定める建築に関する実務は、次に掲げるものとする。 一　建築物の設計（法第21条に規定する設計をいう。<u>第20条の5第1項第一号</u>において同じ。）に関する実務 二～六　（略） 2・3　（略） （建築設備士） 第17条の18　<u>法第20条第5項に規定する建築設備に関する知識及び技能につき国土交通大臣が定める資格を有する者（以下「建築設備士」という。）</u>は、国土交通大臣が定める要件を満たし、かつ、次のいずれかに該当する者とする。 一・二　（略） （登録の申請） 第17条の19　（略） 2　（略） 3　前項の申請書には、次に掲げる書類を添付しなければならない。 　一　（略） 　二　法人である場合においては、次に掲げる書類 　　イ　定款<u>又は寄附行為</u>及び登記事項証明書 　　ロ～ニ　（略） 　三～六　（略） 第17条の37　次の表の上欄に掲げる講習について、同表の中欄に掲げる一級建築士は、前条の規定にか

かわらず、それぞれ同表の下欄に定めるところにより講習を受けなければならない。

1 一級建築士定期講習	（略）	（略）
2 構造設計一級建築士定期講習	法<u>第10条の2の2第1項</u>の構造設計一級建築士証の交付を受けた者であつて、構造設計一級建築士定期講習を受けたことがない者	法<u>第10条の2の2第1項第一号</u>に規定する講習を修了した日の属する年度の翌年度の開始の日から起算して3年以内
3 設備設計一級建築士定期講習	法<u>第10条の2の2第2項</u>の設備設計一級建築士証の交付を受けた者であつて、設備設計一級建築士定期講習を受けた	法<u>第10条の2の2第2項第一号</u>に規定する講習を修了した日の属する年度の翌年度の開始の日から起算して3年以内

かわらず、それぞれ同表の下欄に定めるところにより講習を受けなければならない。

1 一級建築士定期講習	（略）	（略）
2 構造設計一級建築士定期講習	法<u>第10条の2第1項</u>の構造設計一級建築士証の交付を受けた者であつて、構造設計一級建築士定期講習を受けたことがない者	法<u>第10条の2第1項第一号</u>に規定する講習を修了した日の属する年度の翌年度の開始の日から起算して3年以内
3 設備設計一級建築士定期講習	法<u>第10条の2第2項</u>の設備設計一級建築士証の交付を受けた者であつて、設備設計一級建築士定期講習を受けたこ	法<u>第10条の2第2項第一号</u>に規定する講習を修了した日の属する年度の翌年度の開始の日から起算して3年以内

	ことがない者		とがない者

2～5　（略）	2～5　（略）
第2章の5　設計受託契約等	（新設）
（延べ面積が300平方メートルを超える建築物に係る契約の内容） 第17条の38　法第22条の3の3第1項第六号に規定する国土交通省令で定める事項は、次に掲げるものとする。 一　建築士事務所の名称及び所在地並びに当該建築士事務所の一級建築士事務所、二級建築士事務所又は木造建築士事務所の別 二　建築士事務所の開設者の氏名（当該建築士事務所の開設者が法人である場合にあつては、当該開設者の名称及びその代表者の氏名） 三　設計受託契約又は工事監理受託契約の対象となる建築物の概要 四　業務に従事することとなる建築士の登録番号 五　業務に従事することとなる建築設備士がいる場合にあつては、その氏名 六　設計又は工事監理の一部を委託する場合にあつては、当該委託に係る設計又は工事監理の概要並びに受託者の氏名又は名称及び当該受託者に係る建築士事	（新設）

務所の名称及び所在地 七　設計又は工事監理の実施の期間 八　第三号から第六号までに掲げるもののほか、設計又は工事監理の種類、内容及び方法	
（情報通信の技術を利用する方法） 第17条の39　第17条の16の規定は、法第22条の３の３第１項又は第２項の規定により契約の相手方に書面の交付をしようとするときについて準用する。この場合において、第17条の16第１項第一号及び第３項中「建築士」とあるのは「設計受託契約又は工事監理受託契約の当事者」と、同条第１項第一号ロ及び第二号並びに第２項第二号中「結果」とあるのは「書面に記載すべき事項」と、同条第１項第一号ロ中「報告」とあるのは「通知」と読み替えるものとする。	（新設）
第17条の40　第17条の17の規定は、令第７条第３項において同条第１項の規定を準用する場合について準用する。この場合において、第17条の17第一号中「前条第１項」とあるのは「第17条の39において読み替えて準用する第17条の16第１項」と、「建築士」とあるのは「設計受託契約又は工事監理受託契約の当事者」と読み替えるものとする。	（新設）

（添付書類） 第19条　法第23条第1項又は第3項の規定により建築士事務所について登録を受けようとする者（以下「登録申請者」という。）は、法第23条の2の登録申請書の正本及び副本にそれぞれ次に掲げる書類を添付しなければならない。 一　（略） （削る） 二～四　（略） 五　登録申請者が法人である場合には、定款及び登記事項証明書 （登録事項） 第20条の2　法第23条の3第1項に規定する国土交通省令で定める事項は、法第26条第1項又は第2項の規定による取消し、戒告又は閉鎖の処分（当該処分を受けた日から5年を経過したものを除く。）及びこれらを受けた年月日並びに建築士事務所に属する建築士の登録番号とする。 2・3　（略） （設計等の業務に関する報告書） 第20条の3　法第23条の6第四号に規定する国土交通省令で定める事	（添付書類） 第19条　法第23条第1項又は第3項の規定により建築士事務所について登録を受けようとする者（以下「登録申請者」という。）は、法第23条の2の登録申請書の正本及び副本にそれぞれ次に掲げる書類を添付しなければならない。 一　（略） 二　建築士事務所に属する建築士の氏名並びにその者の一級建築士、二級建築士又は木造建築士の別、登録番号及びその者が構造設計一級建築士又は設備設計一級建築士である場合にあつてはその旨を記載した書類 三～五　（略） 六　登録申請者が法人である場合には、定款 （登録事項） 第20条の2　法第23条の3第1項に規定する国土交通省令で定める事項は、法第26条第1項又は第2項の規定による取消し、戒告又は閉鎖の処分（当該処分を受けた日から5年を経過したものを除く。）及びこれらを受けた年月日とする。 2・3　（略） （設計等の業務に関する報告書） 第20条の3　法第23条の6第四号に規定する国土交通省令で定める事

項は、次のとおりとする。 　一・二　（略） 　三　当該事業年度において法<u>第24条第4項</u>の規定により意見が述べられたときは、当該意見の概要 2〜4　（略） 　（削る）	項は、次のとおりとする。 　一・二　（略） 　三　当該事業年度において法<u>第24条第3項</u>の規定により意見が述べられたときは、当該意見の概要 2〜4　（略） 　<u>（登録簿等の閲覧）</u> <u>第20条の4　法第23条の9第三号に規定する建築士事務所に関する書類で国土交通省令で定めるものは、第19条第二号に掲げる書類（法第23条第1項の規定による建築士事務所についての登録に係るものに限る。）とする。</u>
（管理建築士の業務要件） <u>第20条の4</u>　（略） 2　（略）	（管理建築士の業務要件） <u>第20条の5</u>　（略） 2　（略）
（帳簿の備付け等及び図書の保存） 第21条　法第24条の4第1項に規定する国土交通省令で定める事項は、次のとおりとする。 　一〜七　（略） 　八　法<u>第24条第4項</u>の規定により意見が述べられたときは、当該意見の概要 2〜5　（略）	（帳簿の備付け等及び図書の保存） 第21条　法第24条の4第1項に規定する国土交通省令で定める事項は、次のとおりとする。 　一〜七　（略） 　八　法<u>第24条第3項</u>の規定により意見が述べられたときは、当該意見の概要 2〜5　（略）
（重要事項説明） 第22条の2の2　法第24条の7第1項第六号に<u>規定する国土交通省令で定める事項は、第17条の38第一</u>	（重要事項説明） 第22条の2の2　法第24条の7第1項第六号<u>の国土交通省令</u>で定める事項は、<u>次に掲げるものとする。</u>

号から第六号までに掲げる事項とする。 （削る）	二　建築士事務所の名称及び所在地 二　建築士事務所の開設者の氏名（当該建築士事務所の開設者が法人である場合にあつては、当該開設者の名称及びその代表者の氏名） 三　設計受託契約又は工事監理受託契約の対象となる建築物の概要 四　業務に従事することとなる建築士の登録番号 五　業務に従事することとなる建築設備士がいる場合にあつては、その氏名 六　設計又は工事監理の一部を委託する場合にあつては、当該委託に係る設計又は工事監理の概要並びに受託者の氏名又は名称及び当該受託者に係る建築士事務所の名称及び所在地
（書面の交付） 第22条の3　法第24条の8第1項第二号に規定する国土交通省令で定める事項は、次のとおりとする。 　一・二　（略） 2　（略）	（書面の交付） 第22条の3　法第24条の8第1項第四号に規定する国土交通省令で定める事項は、次のとおりとする。 　一・二　（略） 2　（略）
第22条の5　第17条の17の規定は、令第7条第4項において同条第1項の規定を準用する場合について準用する。この場合において、第17条の17第一号中「前条第1項」	第22条の5　第17条の17の規定は、令第7条第3項において同条第1項の規定を準用する場合について準用する。この場合において、第17条の17第一号中「前条第1項」

とあるのは「第22条の４第１項において読み替えて準用する第17条の16第１項」と、「建築士」とあるのは「建築士事務所の開設者」と読み替えるものとする。	とあるのは「第22条の４第１項において読み替えて準用する第17条の16第１項」と、「建築士」とあるのは「建築士事務所の開設者」と読み替えるものとする。
第４章　雑則	
（立入検査をする職員の証明書の書式）	（立入検査をする職員の証明書の書式）
第23条　<u>法第10条の２第３項（法第26条の２第２項において準用する場合を含む。）</u>に規定する証明書は、第８号書式によるものとする。	第23条　<u>法第26条の２第２項の規定により立入検査をする職員が携帯すべき証明書</u>は、第８号書式によるものとする。
	第４章　雑則
（権限の委任）	（権限の委任）
第24条　法及びこの省令に規定する国土交通大臣の権限のうち、次に掲げるものは、地方整備局長及び北海道開発局長に委任する。<u>ただし、第四号に掲げる権限については、国土交通大臣が自ら行うことを妨げない。</u>	第24条　法及びこの省令に規定する国土交通大臣の権限のうち、次に掲げるものは、地方整備局長及び北海道開発局長に委任する。
一・二　（略）	一・二　（略）
三　法第10条第１項の規定により戒告を与え、同条第２項の規定により聴聞を行い、同条第３項の規定により参考人の意見を聴<u>き、及び同条第５項の規定により公告（同条第１項の規定により戒告を与えたときに係るものに限る。）</u>すること。	三　法第10条第１項の規定により戒告を与え、同条第２項の規定により聴聞を行い、及び同条第３項の規定により参考人の意見を聴くこと。
<u>四　法第10条の２第１項の規定に</u>	

より必要な報告を求め、立入検査させ、又は関係者に質問させること。 五　法第10条の2の2第3項の規定により構造設計一級建築士証又は設備設計一級建築士証を交付し、及び同条第4項の規定による受納をすること。 六・七　（略） 八　第4条第1項の規定による届出を受理すること。 九　第4条の2第2項の規定による免許証の書換え交付の申請を受理し、及び同条第3項の規定により交付すること。 十～十三　（略） 十四　第9条の4第2項の規定による構造設計一級建築士証又は設備設計一級建築士証の書換え交付の申請を受理し、及び同条第3項の規定により交付すること。 十五　第9条の5第1項の規定による建築士証の再交付の申請を受理し、同条第2項の規定により再交付し、及び同条第3項の規定による受納をすること。 十六　第9条の6の規定により構造設計一級建築士証又は設備設計一級建築士証の提出を求め、かつ、これを領置すること。	四　法第10条の2第3項の規定により構造設計一級建築士証又は設備設計一級建築士証を交付し、及び同条第4項の規定による受納をすること。 五・六　（略） 七　第4条第1項の規定による届出を受理し、及び同条第3項の規定により交付すること。 八～十一　（略） 十二　第9条の4第1項の規定による建築士証の再交付の申請を受理し、同条第2項の規定により再交付し、及び同条第3項の規定による受納をすること。

3．技術的助言

国住指第1181号
平成27年6月24日

各都道府県知事　殿

国土交通省住宅局長

建築士法の一部を改正する法律等の施行について（技術的助言）

　建築士法の一部を改正する法律（平成26年法律第92号。以下「改正法」という。）、建築士法施行令及び建築基準法施行令の一部を改正する政令（平成27年政令第13号。以下「改正政令」という。）及び建築士法施行規則及び建築基準法施行規則の一部を改正する省令（平成27年国土交通省令第8号。以下「改正省令」という。）は、平成27年6月25日から施行されることとなった。

　ついては、改正後の建築士法（昭和25年法律第202号。以下「法」という。）、建築士法施行令（昭和25年政令第201号。以下「令」という。）、建築士法施行規則（昭和25年建設省令第38号。以下「規則」という。）及び建築基準法施行規則（昭和25年建設省令第40号。以下「基準法施行規則」という。）の運用について、下記のとおり通知する。

　貴職におかれては、関係市町村及び関係者に対しても、この旨周知方お願いする。

　なお、各関係団体に対しても、この旨通知しているので、これに留意のうえこれらの者に対する指導助言に遺憾なきを期するとともに、関係法令の円滑かつ適正な執行に配慮されたい。

記

1．設計及び工事監理の業務の適正化について
　(1)　書面による契約締結の義務化（法第22条の3の3関係）
　　　延べ面積300㎡を超える建築物の新築等に係る設計受託契約又は

工事監理受託契約（以下「設計受託契約等」という。）の当事者は、契約の締結に際して、合意した契約内容のうち事後の紛争防止の観点から重要な事項として法令で定める事項を書面に記載し、署名又は記名押印をして相互に交付しなければならないこととするとともに、当該法令で定める事項を変更する場合には、その変更の内容を書面に記載し、署名又は記名押印して相互に交付しなければならないこととした（法第22条の3の3第1項から第4項まで）。

　これらの規定の趣旨を踏まえ、延べ面積300㎡以下の建築物の新築等に係る設計受託契約等においても、事後の紛争防止等の観点から、同様に書面の相互交付を行うことが望ましい。

　また、これらの規定は、設計受託契約等の委託者及び受託者双方に適用される規定であること、建築士事務所の開設者が他の建築士事務所の開設者に再委託する場合や、設計受託契約等と工事請負契約の内容を含む一括契約を行う場合も対象になることに留意されたい。

　また、契約の締結に際して法令で定める事項を記載した書面を相互に交付した場合、法第24条の8第1項の規定（契約締結後の書面の交付）は適用しないこととした（法第22条の3の3第5項）。なお、延べ面積300㎡以下の建築物の新築等に係る設計受託契約等においても、法第22条の3の3第1項の規定に沿って、法令で定める事項を記載した書面を相互に交付した場合には、法第24条の8第1項の規定は適用されない。

　また、都道府県知事は、建築士事務所の開設者が法第22条の3の3第1項から第4項までの規定に違反したときは、法第26条第2項第1号の規定に基づき処分を行うことができることとした。改正法の施行に伴い、都道府県が定める建築士事務所の処分基準の見直しが必要と考えられるので、適切に対処されたい。

　なお、法第22条の3の3の規定は、改正法の施行日（平成27年6月25日）前に締結された契約については適用されないため、留意されたい。

(2)　設計又は工事監理の一括再委託の制限（法第24条の3第2項関係）

　建築士事務所の開設者が、委託者の許諾を得た場合においても、

一括して他の建築士事務所の開設者に再委託してはならない業務の範囲を、延べ面積300㎡を超える建築物の新築工事に係る設計又は工事監理の業務に拡大することとした。なお、同一の者が複数の建築士事務所を開設している場合において、一の建築士事務所で受託した業務の全部又は一部を、当該者が開設している他の建築士事務所に行わせることは、再委託にはあたらない。

本規定は、改正法の施行日（平成27年6月25日）前に受託した業務については適用されないため、留意されたい。

(3) 適正な委託代金での契約締結の努力義務（法第22条の3の4関係）

設計受託契約等を締結しようとする者は、法第25条に規定する報酬の基準（以下「業務報酬基準」という。）に準拠した委託代金で設計受託契約等を締結するよう努めなければならないこととした。

本規定は、設計受託契約等の委託者及び受託者双方に適用される規定であること、建築士事務所の開設者が他の建築士事務所の開設者に再委託する場合も対象になることに留意されたい。

なお、業務報酬基準として、平成21年国土交通省告示第15号に加え、今般、耐震診断・耐震改修に係る平成27年国土交通省告示第670号を定めたところである。委託代金の額については、契約当事者間において取り決められるものであるが、報酬の算定の考え方や、標準的な業務における標準的な業務量等を示した業務報酬基準に準拠して、適正な委託代金で契約を締結することが、消費者保護や設計等の業務の質の確保の観点から望ましい。

地方公共団体の営繕担当部局等公共建築設計等の発注部局におかれても、本規定の趣旨を踏まえ、引き続き、業務報酬基準を活用して設計等の業務の報酬の算定に関する合理化及び適正化に努めるようお願いする。なお、中央官庁営繕担当部局に対しても、「設計等の業務の発注における国土交通大臣の定める業務報酬基準の活用等について」（平成27年6月24日付け国住指第1186号）により、この旨を通知していることを申し添える。

(4) 保険契約の締結等の努力義務（法第24条の9）

建築士事務所の開設者は、法第23条に規定する設計等（以下「設計等」という。）の業務に関し生じた損害を賠償するために必要な

金額を担保するための保険契約の締結その他の措置を講ずるよう努めなければならないこととした。
(5) 建築士事務所の区分の明示(法第22条の3の3、第24条の7及び第24条の8関係)

　法第22条の3の3及び法第24条の8の規定により交付する書面並びに法第24条の7の規定による重要事項説明において、建築士事務所の名称及び所在地に併せて、当該建築士事務所の一級建築士事務所、二級建築士事務所又は木造建築士事務所の別を記載することとした。

　また、基準法施行規則第11条の規定による工事現場の確認の表示の様式(別記第68号様式)において、設計者及び工事監理者が建築士の場合には、設計者氏名及び工事監理者氏名の欄にその者の一級建築士、二級建築士又は木造建築士の別を併せて記載し、設計者及び工事監理者が建築士事務所に属している場合には、設計者氏名及び工事監理者氏名の欄にその名称及びその一級建築士事務所、二級建築士事務所又は木造建築士事務所の別を併せて記載することとした。なお、本規定は、改正法の施行日(平成27年6月25日)前に確認申請をした建築物の計画については適用されないため、留意されたい。

(6) 無登録業務の禁止の徹底(法第23条及び第23条の10関係)

　改正法により、設計及び工事監理の業務の適正化を図るため、設計受託契約等に係る規定が新設又は拡充されたことを踏まえ、延べ面積300㎡以下の建築物も含め、次の事項について改めて徹底されたい。

①建築士又は建築士を使用する者は、法第23条の規定により、他人の求めに応じ報酬を得て、設計等を業として行おうとするときは、建築士事務所を定めて都道府県知事の登録を受けることが必要であること(法第23条の10の規定により、建築士事務所の登録を受けないで、設計等を業として行うことは禁じられている。)。

②したがって、設計等の受託契約は、登録を受けた建築士事務所との間で締結されることが必要であること。

③さらに、建築士事務所の開設者は、設計受託契約等を建築主と締結しようとするときは、あらかじめ、当該建築主に対し、管理建

築士等をして、法第24条の7の規定による重要事項説明を行うことが必要であること。

　また、無登録業務の禁止の徹底を図る一環として、建築士が建築士事務所の登録を受けずに設計等を業として行った場合は、速やかに違法状態を解消するとともに、当該建築士に対する処分等の措置を行う必要があるが、一級建築士が関与している場合には、地方整備局長等と相互に緊密な連携と協力を図り遺漏なきよう対処されたい。地方整備局長等に対しても、この旨通知していることを申し添える。

2．管理建築士の責務の明確化等について
(1) 管理建築士の責務の明確化（法第24条関係）
　管理建築士が総括する建築士事務所の業務に係る技術的事項について、以下のとおり規定した。
①受託可能な業務の量及び難易並びに業務の内容に応じて必要となる期間の設定
②受託しようとする業務を担当させる建築士その他の技術者の選定及び配置
③他の建築士事務所との提携及び提携先に行わせる業務の範囲の案の作成
④建築士事務所に属する建築士その他の技術者の監督及びその業務遂行の適正の確保

　なお、上記事項は管理建築士が総括する技術的事項を明確化したものであり、管理建築士の責務や役割が従前と変わるものではないことに留意されたい。

　また、従来より、管理建築士は建築士事務所の開設者に対し、業務が円滑かつ適切に行われるよう必要な意見を述べることとしていたが、改正法により、建築士事務所の開設者は、当該意見を尊重しなければならないこととした。

(2) 管理建築士の処分と建築士事務所の処分（法第26条第2項関係）
　都道府県知事は、法第26条第2項の規定に基づき、建築士事務所の管理建築士が法第10条第1項の規定による処分を受けたときは、当該建築士事務所の開設者に対し、戒告し、若しくは1年以内の期

間を定めて建築士事務所の閉鎖を命じ、又は建築士事務所の登録を取り消すことができることとされている。

これについては、「建築士事務所の処分等について（通知）」（昭和60年1月26日付け住指発第44号）において、当該管理建築士に行われた処分に準じて当該建築士事務所の処分を行うこととしているところであるが、改正法により管理建築士の責務が明確化され、管理建築士の意見の尊重義務が規定された趣旨等を踏まえれば、管理建築士の処分の内容、当該処分に係る行為の建築士事務所の業務における位置付け等の個別事情を適切に勘案して建築士事務所の処分を行う場合には、必ずしも管理建築士と同等の処分でなくとも差し支えないため、留意されたい。

3．建築主等への情報開示の充実について
(1) 建築士免許証等の提示の義務化（法第19条の2関係）

建築士は、設計等の委託者（委託しようとする者を含む。）から請求があったときは、建築士免許証又は建築士免許証明書（以下「建築士免許証等」という。）を提示しなければならないこととした。

建築士免許証等の携帯義務は課していないため、請求があった際に携帯しておらずその場で提示できない場合には後日提示することも許容されるが、できる限り早期に対応することが望ましい。

(2) 建築士免許証等の書換え規定の明確化等（法第5条第3項関係）

一級建築士免許証等の記載事項のうち氏名等について変更があったときは、登録事項の変更の届出を行うとともに、一級建築士免許証等の書換え交付を申請しなければならないことが規則に規定されているが、その他の記載事項に変更があった場合及び一級建築士免許証等以外の建築士免許証等の書換えについては、従来、明確な規定がなかったところである。このため、改正法により、建築士免許証等に記載された事項等に変更があったときは、建築士免許証等の書換え交付を申請することができる旨を規定した。

なお、本規定により、旧来のA4型の建築士免許証について書換え交付を申請した場合、現行の携帯型の建築士免許証等の交付を受けることが可能である。また、建築士免許証等の提示が義務化され

たこと等を踏まえ、定期講習の受講履歴等は最新の情報が記載されていることが望ましいため、定期講習受講時などの機会を捉えて、適宜、建築士免許証等の書換えを行うことが望ましい。

4．建築設備士について
(1) 建築設備士の活用（法第2条第5項及び第18条第4項関係）
　　法第2条第5項において、建築設備に関する知識及び技能につき国土交通大臣が定める資格を有する者について「建築設備士」と規定することとした。これは、従来、規則において規定していた「建築設備士」の名称を、法に規定したものであり、改正法により、建築設備士の資格の内容等が変わるものではない。
　　また、建築士は、延べ面積が2000㎡を超える建築物の建築設備に係る設計又は工事監理を行う場合においては、建築設備士の意見を聴くよう努めなければならないこととした。
　　本規定の趣旨を踏まえ、建築設備士の一層の活用を図ることが望ましい。
　　地方公共団体の営繕担当部局等公共建築設計等の発注部局におかれては、延べ面積が2000㎡を超える建築物に限らず、建築設備に係る設計若しくは工事監理を行い、又は発注する場合においては、建築設備士を活用するよう配慮をお願いする。なお、中央官庁営繕担当部局に対しても、「設計等の業務の発注における国土交通大臣の定める業務報酬基準の活用等について」により、この旨を通知していることを申し添える。
(2) 建築設備士の意見を聴いた場合の表示（法第20条第5項）
　　法第20条第5項により、建築士は、建築物の設備設計等を行う場合において、建築設備士の意見を聴いたときは、設計図書又は工事監理報告書において、その旨を明らかにしなければならないこととされている。
　　改正法により、建築設備士の意見を聴く努力義務が規定されたことを踏まえ、建築設備士が関与している場合には、引き続き、設計図書等において、建築設備士の意見を聴いた旨が明らかになっているかの確認を徹底し、建築士が建築設備士の意見を聴いたにも関わらず、その旨が明らかにされていない場合にあっては、その旨を明

らかにするよう必要に応じて指導されたい（当該建築設備士が設計者である場合を除く。）。

なお、建築設備士の意見を聴いた旨を明示する方法として、意見を聴いた設計図書等の全てに、①建築設備士の意見を聴いたこと、②建築設備士の氏名及び③規則第17条の35の登録を受けている場合はその登録番号を記載するとともに、一連の設計図書の表紙等に意見を聴いた建築設備の種類又は設計図書の範囲等を併せて記載することが考えられるため、参考にされたい。

5．その他の改正事項
 (1) 暴力団排除規定（法第23条の4及び第26条第1項関係）
　　建築士事務所登録の拒否事由に、登録申請者が暴力団員による不当な行為の防止等に関する法律（平成3年法律第77号）第2条第6号に規定する暴力団員又は同号に規定する暴力団員でなくなった日から5年を経過しない者（以下「暴力団員等」という。）及び暴力団員等がその事業活動を支配する者であることを追加した。また、建築士事務所登録の取消事由に、建築士事務所の開設者が暴力団員等又は暴力団員等がその事業活動を支配する者であることを追加した。

　　建築士事務所の登録申請者及び開設者が法人の場合、法人の役員（業務を執行する社員、取締役、執行役及びこれらに準ずる者をいい、社外取締役、代理権を有する支配人、理事等を含み、監査役、取締役でない支店長等は含まない。）が暴力団員等である場合も対象となるため留意されたい。
 (2) 建築士に対する国土交通大臣及び都道府県知事による調査権（法第10条の2関係）
　　国土交通大臣及び都道府県知事は、建築士の業務の適正な実施を確保するため必要があると認めるときは、建築士に対しその業務に関し必要な報告を求め、又はその職員に、建築士事務所その他業務に関係のある場所に立ち入り、図書その他の物件を検査させ、若しくは関係者に質問させることができることとした。

　　また、立入検査をする職員は、その身分を示す証明書を携帯し、関係者に提示しなければならないこととした。

なお、建築士の処分にあたっては、これらの調査権を活用して、建築士の個別事情を勘案した処分を行うことが望ましい。
(3) 建築士事務所の所属建築士を変更した場合の届出義務等（法第23条の2、第23条の5及び附則第3条関係）

建築士事務所の登録事項に、建築士事務所に属する建築士の氏名、その者の一級建築士、二級建築士又は木造建築士の別（以下「所属建築士の氏名等」という。）及び登録番号を追加した。

建築士事務所の開設者は、所属建築士の氏名等に変更があったときは、三月以内に、その旨を都道府県知事に届け出なければならないこととした。

また、施行の際現に登録を受けている建築士事務所の開設者は、施行日から起算して1年以内に法第23条の2の規定による更新の登録申請を行う場合を除き、施行日から起算して1年以内に、所属建築士の氏名等を都道府県知事に届け出なければならないこととした。

なお、建築士事務所に属する建築士とは、他人の求めに応じ報酬を得て、業として行う設計等（設計、工事監理、建築工事契約に関する事務、建築工事の指導監督、建築物に関する調査若しくは鑑定又は建築物の建築に関する法令若しくは条例の規定に基づく手続の代理）に関する実務を行う建築士を指すため、設計等に関する実務を全く行わず、例えば、専ら施工に関する実務のみを行う建築士や、設計者の指示のもと行われるトレースやCAD作図などの設計の補助業務のみを行う建築士は、建築士事務所に属する建築士には該当しないため留意されたい。また、建築士事務所の開設者との雇用関係の有無に関わらず、開設者と使用従属関係が認められる場合は、建築士事務所に属する者に該当するため、留意されたい。
(4) 罰則等について（法第38条関係）

国土交通大臣又は都道府県知事による建築士に対する調査において、必要な報告をせず又は虚偽の報告をした者、立入検査を拒み、妨げ又は忌避した者及び質問に対して答弁せず又は虚偽の答弁をした者は、30万円以下の罰金に処することとした。

また、建築士事務所の開設者で、建築士事務所に属する建築士の氏名等に変更があった場合の届出をせず又は虚偽の届出をした者

は、30万円以下の罰金に処することとした。

4．平成26年改正 建築士法に関するQ＆A

書面による契約締結の義務化について

○書面の交付の方法について

Q1 書面を「相互に交付する」とありますが、対面により書面を取り交わす必要がありますか？
「注文書」と「請書」を取り交わす方法でも構いませんか？

A1 法第22条の3の3に規定される必要な事項が記載されたものが相互に交付されるのであれば、必ずしも対面によって書面を取り交わす必要はありません。「注文書」と「請書」という形で契約を行うことを禁止するものではありません。

Q2 これまで設計・工事監理・工事施工の業務について一括で契約を行ってきましたが、法改正後は、業務ごとに別々に契約を締結する必要がありますか？

A2 設計、工事監理の業務について法第22条の3の3に規定される事項が記載されているのであれば、1つの契約書で契約を締結しても構いません。

Q3 公共発注の場合についても書面の相互交付の規定は適用されるのですか？

A3 法第22条の3の3の規定は公共発注においても適用されますので、延べ面積300㎡を超える建築物の設計・工事監理の契約においては、書面の相互交付が必要です。

○対象となる契約について

Q4 同一敷地内の複数棟の建築物の設計を行う場合、書面による契約締結の義務の対象かどうかについては、床面積の合計が300㎡を超えるかどうかで判断するのですか？それとも、棟ごとの床面積が300㎡を超えるかどうかで判断するのですか？

A4 書面による契約締結の義務の対象となるかどうかについては、棟ごとの床面積が300㎡を超えるかどうかで判断します。一括再委託の禁止の対象についても同様です。

Q5 書面による契約締結の義務の対象は、延べ面積300㎡超の建築物の新築だけでなく、増改築等を行う場合も含まれるのですか？

A5 新築以外にも、増築、改築、大規模修繕、大規模模様替えについても該当部分の延べ面積が300㎡を超える場合は、書面による契約締結の対象となります。

Q6 書面による契約締結の義務は、確認申請が不要な改修工事も対象となるのですか？

A6 その改修工事が増築、改築、大規模修繕、大規模模様替えに該当し、該当部分の延べ面積が300㎡を超える場合は書面による契約締結の義務の対象となります。これらに該当しない場合は対象外です。

Q7　耐震診断業務を行う場合についても、書面による契約の締結が必要ですか？

A7　法第22条の3の3の規定は設計又は工事監理の業務を対象としていますので、それ以外の業務の契約については義務づけの対象外となります。ただし、対象外の業務についても、事後のトラブル防止の観点から、書面による契約を行うことが望ましいでしょう。

○建築士事務所同士の契約（再委託契約）について

Q8　設計又は工事監理の業務を受託する建築士事務所が、その業務を他の建築士事務所に委託する契約（再委託契約）についても書面による契約締結の義務の対象になるのですか？

A8　建築士事務所から他の建築士事務所への再委託契約についても、延べ面積300㎡を超える建築物に係る設計等の業務については、書面による契約締結の対象になります。

Q9　建築主から延べ面積300㎡超の建築物の設計業務を受託しましたが、他の建築士事務所に再委託する部分の面積が300㎡以下の場合は、書面による契約締結の義務の対象となるのですか？

A9　設計等の業務の対象となる建築物の延べ面積が300㎡を超えるのであれば、そのうちの300㎡以下の部分に関する業務を再委託する場合でも、書面による契約締結の義務の対象となります。

○書面の記載事項について

Q10 書面に記載する事項のうち、報酬金額について、設計・工事監理・工事施工を一括で受託する場合、すべての業務に係る合計の報酬金額を記載することでも構いませんか？

A10 受注するすべての業務における合計の報酬金額だけでなく、設計及び工事監理の業務に係る報酬金額をそれぞれ、明記する必要があります。

Q11 書面に記載する事項のうち、設計又は工事監理を実施する期間については、具体的な日付を記載する必要がありますか？

A11 できるだけ具体的な日付で記載することが望ましいですが、難しい場合は予定の期間を記載することでも構いません。予定が変更になった場合は、その旨を書面に記載して相互に交付する必要があります。

Q12 建築士事務所に所属建築士が多数いる場合、設計の各段階で携わる建築士が変動することが予想されますが、契約時に相互に交付する書面には、その業務に携わる全ての建築士の氏名を記載する必要がありますか？

A12 契約時点で設計等の業務に従事する予定の全ての建築士の氏名を記載することになります。業務の途中で従事する建築士に変更等があれば、変更する建築士の氏名を書面に記載して相互に交付する必要があります。

Q13　開設者が法人である建築士事務所が設計契約を締結する場合、記名押印者は代表取締役でなければなりませんか？

A13　契約の当事者は開設者である法人であるため、記名押印者は必ずしも代表取締役でなくとも、法人から契約締結権限を付与されている者でも構いません。

○契約締結の時期について

Q14　契約書面の取り交わしの時期は規定されているのですか？例えば、設計施工一括契約の場合、設計業務がほぼ完了し、着工の直前のタイミングで設計と施工の契約を一括で締結しても問題はありませんか？

A14　法令上、契約の時期について特段の規定はありませんが、契約に基づいて業務を行うべきであり、業務が終了してから契約することは適切ではありません。

○契約内容の変更について

Q15　契約の締結後、書面の記載事項について内容を変更する場合も、書面の相互交付が必要になるのですか？

A15　書面の記載事項について変更するときは、変更の内容を書面に記載し、署名又は記名押印をして相互に交付する必要があります。

Q16　書面の記載事項について内容を変更する場合、変更部分を修正した内容の書面を改めて作成し、再度、相互に交付する必要がありますか？

A16　記載事項に変更があった場合、必要事項を全て記載した書面を改めて相互に交付する必要はなく、変更する内容のみを書面に記載し、署名又は記名押印したうえで相互に交付することで構いません。

○書面交付義務違反について

Q17　書面の相互交付が必要であるにもかかわらず、書面の交付を行わなかった場合、契約そのものが無効になりますか？

A17　書面の相互交付をしなかったことについては建築士法違反となりますが、契約そのものが無効になるものではありません。

Q18　書面による契約締結の義務に違反して、書面の交付を行わなかった場合に、建築主及び建築士事務所に対する罰則はありますか？

A18　書面の相互交付義務の違反についての罰則規定はありませんが、相手に書面を交付しなかった場合、建築士事務所の開設者は監督処分の対象となります。また、建築士事務所の開設者が建築士である場合は、建築士としての懲戒処分の対象にもなります。

○法第24条の8の書面交付との関係について

Q19　法第22条の3の3の規定に基づく書面の相互交付を行った場合、法第24条の8に基づく書面の交付は不要と考えてよいですか？

A19　不要です。法第22条の3の3の規定に基づく書面を交付すれば、法第24条の8の規定は適用されません。

Q20　義務づけの対象外である延べ面積300㎡以下の建築物については、法第22条の3の3に規定される内容が記載された書面を相互に交付しても、改めて法第24条の8に基づく書面の交付が必要ですか？

A20　不要です。延べ面積300㎡以下の場合であっても、法第22条の3の3に規定される内容が記載された書面を相互に交付していれば、法第24条の8に基づく書面の交付が行われたものとみなされます。

○契約書類の様式について

Q21　設計・工事監理・工事施工を一括で契約する等の様々な契約形態がありますが、それらに対応した契約書のひな形等はありますか。

A21　契約書について法定の書式はありませんが、150ページに掲載しているとおり、建築関係団体において、各種契約書の様式を発行していますので、参考にしてください。

○適用時期について

Q22　法施行日前に契約締結している場合も、改めて書面を相互に交付する必要がありますか？

A22　法施行日である平成27年6月25日より前に締結された契約については、法第22条の3の3の規定は適用されないため、改めて書面の交付を行う必要はありません。

Q23　法施行日前に契約締結した業務について、法施行後にその内容に変更が生じた場合、変更内容について書面を相互に交付する必要がありますか？

A23　法施行日である平成27年6月25日より前に締結された契約については、法第22条の3の3の規定は適用されないため、法施行後に内容の変更があっても変更内容について書面を相互に交付する必要はありません。ただし、変更した内容を含めて新たに契約をやり直すということであれば書面による契約締結の義務の対象になります。

一括再委託の禁止について

○一括再委託の考え方について

Q24　設計・工事監理・工事施工を一括で受注した建築士事務所が他の建築士事務所に設計・工事監理業務の全てを委託することは、一括再委託に該当しますか？

A24　設計、工事監理、工事施工はそれぞれ別の業務になりますので、当該事務所が工事施工を自ら行ったとしても、設計又は工事監理業務について自らは何も行わずに再委託するのであれば、一括再委託に該当します。

Q25 設計と工事監理の業務を受託する場合、設計は自ら行いますが、工事監理については何もせずに他の建築士事務所に委託することは一括再委託に該当しますか？

A25 設計と工事監理は別の業務になりますので、仮に一体で契約をした場合でも、工事監理について何も行わずに他の建築士事務所へ再委託することは、工事監理について一括再委託することに該当します。

Q26 設計業務を受託した建築士事務所が、設計業務のうち、基本設計を自らが実施し、実施設計を他の事務所へ全て再委託する場合は、一括再委託に該当しますか？

A26 受託した設計業務のうち、基本設計を自ら行うのであれば、一括再委託には該当しません。

Q27 構造設計の業務を受託した場合に、構造計算書の作成業務を更に別の建築士事務所に委託する場合は、一括再委託に該当しますか？

A27 他の建築士事務所に委託した業務が構造計算書の作成のみで、構造図面の作成は自ら行っているのであれば、一括再委託には該当しません。

Q28 受託した工事監理の業務を、同一法人内の、別の建築士事務所登録をしている支店に行わせる場合、一括再委託に該当しますか？

A28 開設者が同じである他の建築士事務所に業務を行わせることは、再委託には該当しません。

○禁止の対象となる業務について

Q29 自ら設計図書を作成した後、建築確認申請の手続きについて他の建築士事務所に委託する場合は、一括再委託の禁止の対象となりますか？

A29 一括再委託の禁止は、設計又は工事監理業務を委託する場合が対象となりますので、建築確認申請の手続きを委託する場合は対象外です。

Q30 一括再委託の禁止の対象は、延べ面積300㎡を超える建築物の新築工事に係るものに限る、となっていますが、増築、改築、大規模修繕、大規模模様替えの場合は対象とはならないのですか？

A30 一括再委託の禁止の対象は、新築工事のみであり、増改築等は対象外です。

Q31 単なる図面のトレースやCAD作図などの設計の補助を行う業務についても、一括再委託の禁止の対象となりますか？

A31 単なる図面のトレースやCAD作図の業務については、設計業務にあたらないため、対象外です。

○罰則等について

Q32 一括再委託の禁止に違反した場合、どのような罰則、処分があるのですか？

A32 一括再委託の禁止に違反した場合の罰則についての規定はありませんが、違反した建築士事務所の開設者は監督処分（戒告、業務停止又は取消）の対象となります。

○適用時期について

Q33　延べ面積300㎡を超える建築物の設計について、施行日前に既に一括再委託している場合、施行日以降も業務を継続すると一括再委託の禁止に違反しますか？

A33　施行日より前に再委託契約している業務については一括再委託の禁止の規定は適用されませんので、施行日以降に業務を継続しても違反にはなりません。

適正な委託代金での契約締結の努力義務について

Q34　「国土交通大臣の定める業務の報酬の基準」とは具体的にはどのようなものですか？

A34　建築士事務所の開設者がその業務に関して請求することができる報酬の基準（業務報酬基準）として国土交通大臣が告示で定めており、主に新築の場合の基準である平成21年国土交通省告示第15号と、耐震診断・耐震改修の場合の基準である平成27年国土交通省告示第670号があります。業務報酬基準は、報酬算定の目安として、報酬算定の考え方や標準的な業務における標準的な業務量等を示したものです。

Q35　法第22条の3の4の適正な委託代金での契約締結の努力義務は、委託者と受託者の両者にかかる規定ですか？

A35　法第22条の3の4の規定にある「設計受託契約又は工事監理受託契約を締結しようとする者」とは、契約の委託者、受託者双方を意味しており、この努力義務は両者にかかる規定です。

Q36 業務報酬基準に準拠した委託代金とありますが、業務報酬基準どおりでないといけないのですか？

A36 業務報酬基準は、報酬算定の目安として、報酬の考え方や標準的な業務における標準的な業務量等を示したもので、具体的な金額は示されていません。委託代金の額はあくまで契約の当事者間の合意で定められるものですが、この業務報酬基準を踏まえて、過大又は過小な委託代金での契約とならないようにすることが望ましいでしょう。

保険契約の締結等の努力義務について

Q37 損害賠償保険の契約締結等の努力義務が規定されていますが、どのような保険を契約しないといけないのですか？

A37 契約する保険の種類・内容について、特段の定めはありません。例えば、建築関係団体が提供している損害賠償保険等への加入が考えられます。また、必ずしも保険契約である必要はなく、積立金等の任意の措置を講ずることも考えられます。

Q38 損害賠償保険の保険金額や積立金等の金額について、定められた金額はありますか？

A38 具体的な金額の定めはありません。受託する業務内容や業務量を踏まえ、損害賠償請求があった時に対応可能な一定程度の額を確保しておくことが望ましいでしょう。

建築士事務所の区分(一級、二級、木造)明示の徹底について

Q39 建築士事務所の名称に「○○一級建築士事務所」というように事務所の区分が含まれていますが、その場合であっても、事務所の名称とは別に、事務所の区分を表記する必要がありますか?

A39 建築士事務所の名称の中に「一級」や「二級」の文字が入っている場合でも、事務所の名称とは別に、その事務所の一級、二級、木造の別を表記する必要があります。

Q40 施行日より前から掲示している建築確認済みの表示看板について、建築士事務所の名称や区分が記載されていない場合は、施行日以降に記載を追加しなければいけませんか?

A40 その必要はありません。施行日以降に建築確認を申請する物件に係る表示看板が対象となります。

管理建築士の責務の明確化等について

Q41 今回の改正により4つの技術的事項が規定されましたが、管理建築士の責務が新しく追加されたのでしょうか?

A41 管理建築士が総括する建築士事務所の技術的事項について明確化したものであり、新しく管理建築士の責務が追加されたわけではありません。

Q42　管理建築士の責務として、事務所に所属する建築士の監督が規定されましたが、例えば、所属建築士が建築士法上の義務である住所変更の届出を怠った場合、管理建築士が責任を問われますか？

A42　住所変更の届出は当該建築士の責務であり、管理建築士に直接的な責任はありません。ただし、所属建築士が法令の義務を果たすよう指導監督することは管理建築士の責務であると考えられます。

Q43　建築士事務所の開設者は、必ず管理建築士の意見を尊重し、それに従わなければならないのですか？

A43　建築士事務所の業務や運営について最終的な判断は開設者が行うものであるため、管理建築士の意見に必ず従わなければならないわけではありません。ただ、管理建築士は建築士事務所の技術的事項を総括する立場から必要な意見を述べることになりますので、その意見を尊重し、建築士事務所の運営に適切に反映することが望ましいでしょう。

建築士免許証の提示等について

Q44　委託者から免許証の提示を求められた場合、その場ですぐに提示しないと違反になるのですか？

A44　免許証の携行義務までは課せられていないため、提示を求められた際に携行していなかった場合に、その場ですぐに提示できなくても違反となるわけではありません。ただし、次回の打ち合わせの際に提示するなど、できる限り早期に対応することが望ましいでしょう。

Q45　免許証等の書換え規定が明確化されましたが、旧来の免状型の免許証について、現在のカード型の免許証に書き換えなければならないのですか？

A45　旧来の免状型の免許証については、引き続き免許証として有効であり、カード型の免許証への書換えは義務づけられていません。ただし、カード型の免許証は顔写真や講習の受講履歴など建築主に提供する情報がより充実していることや、今回の改正で建築士免許証の提示が義務づけられたことを踏まえ、カード型の免許証に書き換えることをお勧めします。

建築設備士に係る規定について

○建築設備士の位置づけ

Q46　「建築設備士」については、従来からも法令に位置づけられていますが、今回の改正でその位置づけが変更されているのですか？

A46　「建築設備に関する知識及び技能につき国土交通大臣が定める資格を有する者」として、従来は省令で規定されていた「建築設備士」という名称が今回の改正により法律に規定されましたが、建築設備士の資格の内容等に変更があるわけではありません。

○建築設備士の意見の聴取

Q47　建築設備士の意見を聴くとは、具体的にどのような事ですか？
　また、その意見は必ず設計・工事監理に反映させなければならないのですか？

A47　建築士が設計等を行う場合に、建築設備の計画や工事監理の方法についてアドバイスを受けたり、計画内容について不都合な点等を指摘してもらうことが考えられます。聴いた意見を設計等にどの程度反映させるかは、設計等を行う建築士の判断によることとなりますが、適切な設計・工事監理となるように対応することが望ましいでしょう。

Q48　延べ面積2,000㎡を超える建築物の設備の設計等について、建築設備士の意見を必ず聴かなければならないのですか？

A48　設計等の業務は、本来、建築士の責任において行われるものであるため、建築設備士の意見を聴くことを義務づけるものではありません。建築設備士の意見を聴くかどうかは建築士の判断によることとなりますが、意見を聴く努力義務規定が設けられた趣旨に鑑み、建築設備について適切な設計、工事監理が行われるよう、建築設備の専門家である建築設備士の活用を図ることが望ましいでしょう。

Q49　建築設備士の意見を聴く努力義務の規定は、新築に係る設計等のみが対象ですか？
　それとも、増改築等も対象となるのですか？

A49　新築、増改築にかかわらず、延べ面積が2,000㎡を超える建築物の建築設備に係る設計又は工事監理を行う場合は対象となります。

暴力団排除規定について

Q50 建築士事務所の登録申請者(開設者)が法人の場合、暴力団排除規定の適用を受けるのは誰ですか?

A50 法人の役員すべてが対象となります。法人の役員とは、業務を執行する社員、取締役、執行役及びこれらに準ずる者のことで、社外取締役、代理権を有する支配人、理事等を含み、監査役、取締役ではない支店長等は含みません。

Q51 暴力団排除規定に関して、建築士事務所の登録申請においてどのような手続きが必要になりますか?

A51 建築士事務所の登録申請の際に、添付書類として、欠格要件に該当しない旨の誓約書を提出することになります。今回の改正により誓約書の様式が変更され、暴力団員等ではない旨の記載が追加されていますので、改正された新しい様式の誓約書を提出する必要があります。

Q52 法施行日時点で既に登録を受けている建築士事務所については、法施行後に、開設者が暴力団員等に該当しないことの誓約書を改めて提出する必要はあるのですか?

A52 既に登録を受けている建築士事務所についても、法施行後は、開設者が暴力団員等であることが建築士事務所登録の取消事由として適用されますが、暴力団員等に該当しないことの誓約書を改めて提出する必要はなく、更新登録申請の際に添付書類として提出すればよいことになります。

所属建築士の登録・変更について

Q53 建築士事務所に勤務する全ての建築士を、所属建築士として登録する必要がありますか？

A53 建築士事務所の所属建築士とは、その建築士事務所における設計等に関する実務を行う建築士のことを言います。したがって、建築士事務所に勤務していても、設計等に関する実務を全く行わず、例えば、専ら施工に関する実務のみを行う建築士や、設計者の指示のもと行われるトレースやCAD作図などの設計の補助業務のみを行う建築士は所属建築士には該当しません。

Q54 正社員以外の、非正規雇用や派遣職員についても建築士事務所に所属する建築士として登録する必要があるのですか？

A54 建築士事務所の所属建築士とは、その建築士事務所における設計等に関する実務を行う建築士を指し、建築士事務所の開設者との雇用関係の有無にかかわらず、開設者と使用従属関係が認められる場合は登録する必要があります。

Q55　所属建築士に変更があった場合、3カ月以内に変更の届出をすることになっていますが、所属建築士の変更があるたびに届出を行わなくてもいいのですか？

A55　多数の建築士が所属しているような規模の大きな建築士事務所や、ハウスメーカーのように同一の法人で複数の支店を建築士事務所としている場合などでは、人事異動などで所属建築士が頻繁に変更になることが考えられます。所属建築士が変更になるたびに届出を行うことは事務的な負担が大きくなることから、3カ月以内に届出を行うこととし、いくつかの変更をまとめて届出を行うことができるようにしています。

Q56　附則3条の規定により、法施行後1年以内に建築士事務所に所属する建築士の届出を行う必要がありますが、登録の届出先（書類提出窓口）はどこになりますか？

A56　法施行後1年以内に都道府県知事に届出を行うこととなっていますが、具体の届出先については各都道府県に確認してください。

第5章
建築士法改正の意義と建築士事務所のこれから

「建築士法改正の意義と建築士事務所のこれから」

　平成26年10月3日の（一社）日本建築士事務所協会連合会の第38回建築士事務所全国大会において、「建築士法改正の意義と建築士事務所のこれから」と題して、自民党建築設計議員連盟事務局長の山本有二衆議院議員と、設計三会の当時の三会長により、建築士法改正の意義や改正に至る経緯の振り返りと、これからの設計業界のあり方について報告がされました。
　以下に、その概要をご紹介します。

■大会概要
第38回建築士事務所全国大会
　　第2部　建築士法改正の報告
　　　　　「建築士法改正の意義と建築士事務所のこれから」
平成26年10月3日（金）　於：東京・帝国ホテル
■登壇者
　自由民主党建築設計議員連盟事務局長・
　設計監理等適正化勉強会座長
　山本有二　衆議院議員
　　（公社）日本建築士会連合会　三井所清典会長
　　（公社）日本建築家協会　芦原太郎会長
　　（一社）日本建築士事務所協会連合会　三栖邦博名誉会長
　司会：（一社）日本建築士事務所協会連合会　大内達史会長

■士法改正に至るまで
大内：6月20日、議員立法により改正法案が成立しました。建築設計関係3団体による共同提案を踏まえ、採択されたことは大きな出来事だと思っています。士法改正の意義などについて、はじめに三栖日事連名誉会長よりお話をしていただきます。

三栖：ちょうど4年前、この帝国ホテルで行われた平成22年の全国大会で、私たち設計監理業を担う建築士事務所を法的に位置付け、関係者の責務と役割を明らかにする建築士事務所法の制定を目指すと

いう大会宣言をしました。

平成24年に、私たちは建築士事務所法の提案をまとめ、公表しました。以後、会員への周知、関連団体へのヒアリング、それから国土交通省、自由民主党建築設計議員連盟（以下、議連）への支援要請を行ってきました。この過程で、私たち建築士事務所協会だけでなく、設計関連団体での意見として取りまとめることが必須であるという認識に至りました。

昨年3月から建築士会連合会、建築家協会に呼びかけ、三会で意見交換会を設置し、検討してきました。三会の検討の過程で、建築士事務所法で実現を目指した内容については、建築士事務所協会への加入に関わる事項以外はほとんど合意をされたと理解しています。ただ、建築士法から分離し、建築士事務所法を制定することへの意見の統一が大変困難であることも分かりました。

しかしながら、建築士事務所の業務環境の悪化、設計監理業の疲弊、不適正な業が行われ設計界が国民の信頼を失いかねないことを考えると、この状況をこれ以上放置できないこと、このタイミングを逸することはできないという判断から三会合意を優先し、建築士法の枠内での改正を決意しました。

昨年11月に設計三会の合意が成立し、共同提案として公表しました。12月に三会共同提案が議連の総会に上程され、検討を進めることが決まりました。本年1月から議連の勉強会での議論が開始され、その中で設計三会以外の他の関連団体との意見調整が行われ、3月末の議連の総会で議連の提言としてまとめられ、それが本年6月に建築士法改正として成立しました。設計三会の提案事項は法改正、政省令、通達での対応を含め、ほとんど実現しました。私たちが事務所法の制定で目指した設計監理業の確立は大きな前進をしたと理解しています。

■改正建築士法のポイント

三栖：改正建築士法の中で特に重要な点を4つ述べたいと思います。1つ目は無登録での業の禁止と一括再委託、いわ

三栖邦博　（一社）日本建築士事務所協会連合会名誉会長

第5章　建築士法改正の意義と建築士事務所のこれから

ゆる丸投げの禁止を徹底する規定です。無登録の業の禁止は現行制度でも基本的には禁止されていますが、これは今後、小規模も含め、国交省が技術的助言、いわゆる通達によって徹底させることになっています。これにより不適正な業務が排除され、設計監理業の適正化と消費者の保護、消費者からの信頼が促進されると期待しています。

2つ目は契約の原則が法律になったことです。同時に、300㎡を超える新築の建物では書面による契約が義務化されました。300㎡以下も義務化ではありませんが、書面契約を徹底させる方向で、国交省が対応することとされました。設計・工事監理の委託に当たっては、対等な立場で公平な契約を締結し、信義に従って誠実に履行する。そういう義務が委託者、受託者双方に規定されました。

重要事項説明も書面の交付も建築士事務所だけの義務だったわけですが、この書面契約は建築主、建築士事務所の双方の義務になります。今まで請負契約の一部として扱われるなど、設計契約があいまいだった兼業においても、設計・工事監理委託契約が必要になります。結果として建築主と建築士事務所の直接の契約が促進され、設計・工事監理の重要性への認識が高まり、建築士事務所の存在が国民から見えるようになります。

3つ目は業務報酬基準の尊重が努力義務となったことです。大臣告示15号に業務報酬基準があります。なぜこれがあるかということは、設計・工事監理業務の対価を自由競争に委ねていたのでは業務の質の低下を招く恐れがあり、究極的には国民の利益にならない。このことが国民に理解され、賛同されていることから、この業務報酬基準が大臣告示で定められていると理解されます。

しかしながら、それが全く尊重されず、設計入札が行われ、十分な報酬の確保ができない状況が続いていることは皆さんもご承知だと思います。努力義務化ではありますが、この法改正により、この状況は大幅に改善されるものと期待されます。業務報酬基準に準拠した報酬額での契約を国民が理解し努力することに同意したことをこの法改正の成立は意味しています。これは大変画期的なことであると認識しています。

次は、管理建築士の責務の明確化ですが、このことと同時に、開

設者と管理建築士が違う場合、開設者に管理建築士の意見を尊重しなければならないという義務が課されます。管理建築士の要件強化は平成18年の改正で実現されました。今回の改正ではさらに前進させ管理建築士の責務が明確化され、一定の権限が管理建築士に付与されることになります。建築士資格者が名実共に技術総括者として事務所の管理にあたる。そういう立場が明確になったわけです。建築士事務所に必要な自立性が確保され、業の適正化と消費者保護の強化につながることが期待されます。

このたびのこの業の適正化に関わる法改正は私たちが呼びかけ、建築設計三会として提案し、議員立法で実現したところに大きな意味があると思っています。同時に、このことは設計監理業の適正化と消費者保護の促進を期待する国民の声であると考えたいと思います。

この改正法は来年6月に施行されますが、円滑な施行には2つのことが重要だと思っています。一つは、この法律が変わったことを国民に知ってもらうための周知活動。もう一つは、私たちが施行を待つまでもなく、自らこの改正法を先取りして実践することだと思います。この実践することイコール周知活動だと、私は思っています。皆さんと一緒に法改正を先取りして実践していきたいと思っています。

今回の法改正を通じて私が分かったことが3つあります。一つは、設計界が一つになればかなりのことができる。しかし、一つにならないと何もできないということ。それから、私たちがこうあるべきだと信じていることは国民も理解し、賛同してくれるということです。最後に、私たちは建築をつくることで社会に貢献するわけですが、より良い建築をつくるという責務遂行に必要な制度は私たちが一番よく知っており、制度をよりよくしていくのも私たちの責務であるということです。

私たちの提案にご理解をいただき、法改正を実現いただいた議連の先生方には心より感謝を申し上げたいと思います。特に、議連の事務局長である山本先生にはいろいろとお知恵をいただき、また激励も大きな力となりました。先生なくしてこの士法の改正は実現しなかったと思っています。いろいろなご苦労があったと思います

が、心から感謝しています。
　私たちはこの新しい法改正のもとに、安全・安心が確保された質の高い、持続可能な建築とまちづくりを進めるという設計者の責務を果たし、国民の期待と負託に応える。そういう決意を新たにして報告を終わります。ありがとうございました。

大内：三栖名誉会長、ありがとうございました。並々ならぬ努力と強い意志が士法の改正につながったと思っています。本当にご苦労さまでした。
　衆議院議員の山本先生には、議連の事務局長だけではなく、設計監理等適正化勉強会の座長も務めていただきました。先生なくしてこの士法改正もまた成立しなかったであろうと思っています。国会の先生方に対しご説明等をしていただき、まとめ上げていただきました。そのことに関して感謝申し上げます。山本先生に、三会共同提案のときの話を含め、今後の改正法施行後の建築設計界に期待することについてお伺いしたいと思います。

■三会の熱意が議員立法につながる

山本：三栖前会長が最初に法案を持ってこられたとき、議員立法とすることを私は存じていましたが、まず国交省の井上俊之前住宅局長を呼び、話を聞きました。議員立法による法律についても、関係官庁が管理監督、法律の執行をすることになり、監督官庁となる住宅局と歩調を合わせていく必要があるためです。住宅局長からの返事は、設計団体は事務所協会だけではなく、建築士会連合会や建築家協会があり、皆さんの意見が一致するまで放っておくのが一番だというものでした。
　それからわずか1～2カ月の間に三会共同提案が提出され、三栖前会長の並々ならぬ決意が感じられました。三井所会長や芦原会長に聞いても、この改正は絶対に進めるべきだと言っていたため、住宅局長にもう一度精査を依頼しました。その後井上前住宅局長から

山本有二　衆議院議員

返ってきたのは、「この改正は建築士の皆さんの首を絞めるような厳しい法案になっていて、団体として大丈夫でしょうか」と、逆に皆さんを心配するような話でした。日本全体の建築士のモラル向上や高品質な建築物につながるのであれば、これは引き受けざるを得ないと考え、勉強会を開催して検討をはじめました。

　三会や住宅局に国土交通部会へ説明に行ってもらい、衆議院国土交通委員会についても委員長提案で話を通しました。その後勉強会でのヒアリングを通して、全国中小建築工事業団体連合会、住宅生産団体連合会、日本建設業連合会、日本建築構造技術者協会、日本設備設計事務所協会など関連団体にも納得してもらうことができました。その一つ一つの段階において三会の皆さんが説明をし、また住宅局もついてきてくれました。その熱心さをみるうちに、国会議員も議員立法による士法改正を実現しようと気持ちが高まってきました。

　その段階で、私は一人の男を選びました。盛山正仁という非常に優秀な議員を勉強会事務局長と議連事務局次長に選んだところ、この盛山議員が頑張ってくれました。野党、公明党、その他ありとあらゆるところに彼が説明に行ってくれましたおかげで、多くの人が内容を理解し、賛同してくれることになったのです。

　三会が合意した段階で、恐らくこの法案の行方は決まったのだろうと思いますが、ただ一つ心配だったのは、通常国会は6月で終了することでした。私が最後の最後で、この法案は次の臨時国会で片付けるしかないなという判断をしたとき、三栖前会長も三井所会長も芦原会長も諦めませんでした。そして、盛山議員が一生懸命でした。そして、今日ご来場の皆さんが一人一人の国会議員、自分の選挙区の国会議員を説得することにより、無事通過することができました。特に民主党を口説くことができ、かつ参議院も折れてくれたことが大きかったです。

　私に言わせれば最終の最後まで、頑張ったのは皆さんです。私もこの改正に関与させていただいた栄誉を誇りに思って今後頑張りたいと思っています。

大内：山本先生をはじめ、国会議員の先生方が一緒になってこれをつく

り上げていただきました。先生、本当にありがとうございました。続きまして、日本建築士会連合会の三井所会長に一言お願いします。

■なぜ事務所法制定ではなく士法改正となったか

三井所：今の山本先生のお話でほとんどの経緯について皆さまご理解なさっただろうと思います。ただ、三栖前会長の努力にもかかわらず、なぜ業法が制定できなかったのだと思われている方もいるかと思います。それについては私の気持ちが強いため、皆さんの前でその経緯をお話しします。

三井所清典　（公社）日本建築士会連合会会長

　一つは、建築の設計という業務独占の資格は建築士がもらっていて、その資格者がどのようなふるまいをするかが事務所での業務になるわけですから、建築士の業務と建築士の資格は表裏一体で分けられるものではないと思っていたためです。また、国交省住宅局と交渉していくうちに、交渉相手を一つの局にまとめ、我々の仕事の話を今後もきちんと話し合いをして通していけるような仕組みでないととても難しいことが分かりました。そのため、士法の改正として業務の部分を充実する方がいいのではないかと考えました。

　もう一つは、昨年伊勢市で開催された日事連の全国大会で、額賀先生（議連会長）がビデオレターの中で、三会が一緒になったら一生懸命やりますという話をされていました。その前の大会でもそうでした。やはり三会が一つにまとまるのが大事だと深く認識していましたので、これは三栖前会長、芦原会長と一緒に話をして、とにかくまとまらなくてはいけないと思いました。

　事務所協会から提案された内容は、基本的にはいいことばかりです。議論する部分はあっても、これに反対するはずがないです。ですから、あとはどういう立て方をしていくかだけだったので、我々がまとまろうと思ったら、話がまとまるものだと思っていました。

　そういう経緯で、われわれが一つにまとまり、行政の窓口も一

つにまとめるには、士法一本の方がいいと思った次第です。

大内：ありがとうございます。これからは、三井所会長、芦原会長、新たに会長となった私の3人が協働し、来年6月の施行に向け全力投球していきたいと思っています。次に、建築家協会の芦原会長に一言お願いします。

■士法改正を次のステップにつなげる

芦原：今回、法改正ができて本当によかったと思います。これまで結構長い時間をこの3名あるいは三会で費やしてきましたが、印象的だったのは、山本先生から「あの三会が本当にまとまったのか」と驚かれたことです。それほどまでにこの三会はなかなかまとまらないと世間に思われていたことを実感しました。

芦原太郎　（公社）日本建築家協会会長

　最初に三栖前会長から事務所法を提案されたとき、その内容は、自分たちが業務を行う上で消費者をどうやって保護していくかというものでしたので、了解できました。

　問題はここからでした。これを事務所法として何とか成立させると強い信念を持った三栖前会長と、いや、これは士法改正でなければという三井所会長が、夜中まで喧々諤々と議論し、いつまで経ってもまとまらないのです。私は、何とか接着剤の役割となって三会をまとめようと思ったので、事務所法か士法改正かの議論は国や国会議員の先生に任せて内容の議論をしようと促しました。そんなあいまいなことではダメだという2人に挟まれて困っていましたが、最終的に士法改正という形で三会がまとまったことは本当によかったと思います。だからこそ、山本先生にも頑張っていただけたのかと思います。

　法律をつくる過程を実際に体験し、多くの方々や色々な立場のことを考えながら合意を形成していく大変さを実感しました。世のため、人のためになることに関しては、結果として立場が違っても、

理解していただけるのだなという実感も持ちました。

　法律が成立したからこれでよしとするのではなく、今後いかに実践していくかが私たち三つの団体の役割になります。三栖前会長が前からおっしゃっているように、この士法改正は次につながるステップです。よりよい建築・まちづくりに向けた建築まちづくり基本法という形で、建築が社会の資産であることをきちっと位置付けた、法体系の基本から見直したいという思いを私も持っています。この勢いで、皆さんとも一緒に次のステップに進んでいければと思っています。

大内：お話を伺い、今回の法改正の深い意義を実感しました。これから三会で協力して、国交省の指導の下、年内に政省令をまとめ、年明けから周知活動に全力を挙げてまいります。各単位会の方々も設計監理業への認識を新たにし、改正法を率先し、垂範実践してまいりましょう。業の確立を目指して、我々は努力をしていかなければならないと思っています。山本先生、三井所会長、芦原会長、三栖名誉会長、本当にありがとうございました。

大内達史　（一社）日本建築士事務所協会連合会会長

((一社) 日本建築士事務所協会連合会会誌「日事連」2014年12月号から転載)

第6章
参考資料

1．建築関係団体作成の契約書類について

　改正建築士法第22条の3の3の規定により、延べ面積300㎡を超える建築物の設計等の契約に際して相互に交付する書面については、法令上、様式は特に定められていませんが、改正法に適切に対応するため、建築関係団体において契約書面の様式等が作成・発行されています。

1）設計及び工事監理の契約書面の書式

(1) 四会連合協定　建築設計・監理等業務委託契約書類
　　　建築設計業務及び工事監理業務専用の契約書類
　　　【発行】四会連合協定　建築設計・監理等業務委託契約約款調査研究会
　　　【入手方法】購入（販売）による。契約書等の一部は四会連合協定　建築設計・監理等業務委託契約約款調査研究会のURLからダウンロード可能。
　　　【販売場所】（公社）日本建築士会連合会、（一社）日本建築士事務所協会連合会、（公社）日本建築家協会、都道府県の建築士会、都道府県の建築士事務所協会の窓口。
　　　【URL】http://www.njr.or.jp/yonkai/

(2) 四会連合協定　建築設計・監理業務委託契約書類（小規模向け）
　　　戸建住宅等の比較的小規模の建築物向けの契約書類
　　　【発行】四会連合協定　建築設計・監理等業務委託契約約款調査研究会
　　　【入手方法】購入（販売）による。契約書等の一部は四会連合協定　建築設計・監理等業務委託契約約款調査研究会のURLからダウンロード可能。
　　　【販売場所】（公社）日本建築士会連合会、（一社）日本建築士事務所協会連合会、（公社）日本建築家協会、都道府県の建築士会、都道府県の建築士事務所協会の窓口。
　　　【URL】http://www.njr.or.jp/yonkai/

2）設計施工一括の契約書面の様式

(1) 民間（旧四会）連合協定　小規模建築物・設計施工一括用　工事請負等契約書類（書式・約款）

住宅を中心とする小規模建築物の設計施工一括の契約書類

【発行】民間（旧四会）連合協定工事請負契約約款委員会

【入手方法】購入（販売）による。契約書のみ民間（旧四会）連合協定工事請負契約約款委員会のURLからダウンロード可能。

【販売場所】（一社）日本建築学会、（一社）日本建築協会、（公社）日本建築家協会、（一社）全国建設業協会、（公社）日本建築士会連合会、（一社）日本建築士事務所協会連合会の窓口

【URL】http://www.gcccc.jp/

(2) 設計施工契約約款（A）、（B）　契約書関係書式

設計・施工・工事監理を一括で受注することを前提とした契約書式・約款

【発行】（一社）日本建設業連合会

【入手方法】購入（販売）による。契約書のみ（一社）日本建設業連合会のURLからダウンロード可能。

【販売場所】（一社）日本建設業連合会　事務局

【URL】http://www.nikkenren.com/

3）建築士事務所同士間の契約書面（再委託の契約書面）の様式

建築の専門家同士の契約として基本的合意はできていることを前提に建築士法の規定を満たす書面として作成

【作成】（一社）日本建築士事務所協会連合会、（公社）日本建築士会連合会、（公社）日本建築家協会、（一社）日本建設業連合会、（一社）日本建築構造技術者協会、（一社）日本設備設計事務所協会による検討委員会において作成

【入手方法】下記URLからダウンロード

【URL】http://www.njr.or.jp/yonkai/

4）契約書面の記載事項を変更するときの様式
　　建築士法で規定されている記載事項を変更するときに使用できる様式として作成
　　　　【作成】（一社）日本建築士事務所協会連合会、（公社）日本建築士会連合会、（公社）日本建築家協会、（一社）日本建設業連合会、（一社）日本建築構造技術者協会、（一社）日本設備設計事務所協会による検討委員会において作成
　　　　【入手方法】下記URLからダウンロード
　　　　【URL】http://www.njr.or.jp/yonkai/

　次ページに、参考として１）(1)及び(2)の書式を掲載します。

(1) 四会連合協定　建築設計・監理等業務委託契約書類の書式

建築設計・監理

印紙

建築設計・監理業務委託契約書

委託者＿＿＿＿＿＿＿＿＿＿＿＿＿＿＿＿＿＿＿＿＿＿＿＿＿＿＿＿＿＿＿＿と
受託者＿＿＿＿＿＿＿＿＿＿＿＿＿＿＿＿＿＿＿＿＿＿＿＿＿＿＿＿＿＿＿＿は
件　名＿＿＿＿＿＿＿＿＿＿＿＿＿＿＿＿＿＿＿＿＿＿＿＿＿＿＿＿＿＿＿＿の
建築の設計業務及び監理業務について、次の条項と添付の四会連合協定　建築設計・監理等業務委託契約約款（以下「本約款」という。）及び業務委託書（「契約業務一覧表」及び「基本業務委託書」により構成される。以下同じ。）に基づいて、業務委託契約を締結する。

1. 対象となる建築物の概要
   建 設 地＿＿＿＿＿＿＿＿＿＿＿＿＿＿＿＿＿＿＿＿＿＿＿＿＿＿＿＿＿
   主要用途＿＿＿＿＿＿＿＿＿＿＿＿＿＿＿＿＿＿＿＿＿＿＿＿＿＿＿＿＿
   工事種別＿＿＿＿＿＿＿＿＿＿＿＿＿＿＿＿＿＿＿＿＿＿＿＿＿＿＿＿＿
   規 模 等＿＿＿＿＿＿＿＿＿＿＿＿＿＿＿＿＿＿＿＿＿＿＿＿＿＿＿＿＿

2. 業務委託の種類、内容及び実施方法
   添付の業務委託書に示すとおりとする。

3. 業務の実施期間
   基本設計業務（構造設計、設備設計を含む。）　　年　月　日　～　年　月　日
   実施設計業務（構造設計、設備設計を含む。）　　年　月　日　～　年　月　日
   監理業務　　　　　　　　　　　　　　　　　　　年　月　日　～　年　月　日
   その他の業務（　　　　　　　　　　　　）　　　年　月　日　～　年　月　日
   　　　　　　（　　　　　　　　　　　　）　　　年　月　日　～　年　月　日

4. 設計業務において、作成する成果物等（成果図書及びその他の成果物。建築士法第2条第6項に規定する設計図書を含む。）
   添付の業務委託書に示すとおりとする。

5. 監理業務において、工事と設計図書との照合の方法及び監理の実施状況に関する報告の方法
   添付の業務委託書に示すとおりとする。

四会連合協定　建築設計・監理等業務委託契約約款調査研究会

6．設計又は工事監理に従事することとなる受託者登録の建築士事務所所属の建築士・建築設備士

①設計業務に従事することとなる 建築士※・建築設備士	②工事監理業務に従事することとなる 建築士・建築設備士
【氏名】：	【氏名】：
【資格】（　　）建築士【登録番号】（　　　）	【資格】（　　）建築士【登録番号】（　　　）
【氏名】：	【氏名】：
【資格】（　　）建築士【登録番号】（　　　）	【資格】（　　）建築士【登録番号】（　　　）
（建築設備の設計に関し意見を聴く者）	（建築設備の工事監理に関し意見を聴く者）
【氏名】：	【氏名】：
【資格】建築設備士【登録番号】（　　　）	【資格】建築設備士【登録番号】（　　　）

※設計に従事することとなる建築士が構造設計一級建築士又は設備設計一級建築士である場合にはその旨の記載が必要です。

7．設計又は工事監理の一部の委託先（協力建築士事務所）

再委託する業務の概要	委託先の建築士事務所の名称及び所在地 並びに区分（一級、二級、木造）	開設者の氏名又は法人名称 （開設者が法人の場合は 法人名称及び代表者の氏名）
	名称： 所在地： 区分（一級、二級、木造）：（　　）建築士事務所	
	名称： 所在地： 区分（一級、二級、木造）：（　　）建築士事務所	
	名称： 所在地： 区分（一級、二級、木造）：（　　）建築士事務所	

8．業務報酬の額及び支払の時期（内訳別報酬を示す場合は、内訳欄も記載する）

```
                              報酬額（内取引に係る消費税及び地方消費税の額）
業務報酬の合計金額            ¥ ..................... （¥ .............）
（内訳）基本設計業務          ¥ ..................... （¥ .............）
        実施設計業務          ¥ ..................... （¥ .............）
        監理業務              ¥ ..................... （¥ .............）
        その他の業務          ¥ ..................... （¥ .............）

支払の時期                    支払額（内取引に係る消費税及び地方消費税の額）
..................（　年　月　日）¥ ..................... （¥ .............）
..................（　年　月　日）¥ ..................... （¥ .............）
..................（　年　月　日）¥ ..................... （¥ .............）
..................（　年　月　日）¥ ..................... （¥ .............）
```

建築設計・監理

.... （　　年　月　日）¥.................（¥.............）
.... （　　年　月　日）¥.................（¥.............）
.... （　　年　月　日）¥.................（¥.............）

9. 契約の解除に関する事項
　　本約款第26条（解除権の行使）及び第27条（解除の効果）の規定による。

10. 適用除外条項
　　本約款の各条項のうち、調査・企画業務に関する部分及び以下の条項については、適用除外とする。
　　第16条〔設計業務委託書の追加、変更等〕、第16条の2〔監理業務委託書の追加、変更等〕、第16条の4〔調査・企画業務委託書の追加、変更等〕

11. 特約事項
　　...
　　...

受託者の建築士事務所登録に関する事項

建築士事務所の名称 ....

所在地 ....

区分（一級、二級、木造）（　　　）建築士事務所　（　　　）知事登録第.........号

開設者の氏名又は法人名称 ....

（開設者が法人の場合は
　その代表者の氏名）

　この契約の証として本書2通を作り、委託者及び受託者が、記名押印又は署名のうえ、それぞれ1通を保有する。

　　　　　年　　月　　日

　委託者　　住所又は所在地 ....

　　　　　　氏名又は名称 .... 印

　受託者　　住所又は所在地 ....

　　　　　　氏名又は名称 .... 印

3

四会連合協定 建築設計・監理等業務委託契約約款調査研究会

(2) 四会連合協定　建築設計・監理業務委託契約書類(小規模向け)の書式

小規模建築設計・監理

建築設計・監理業務委託契約書（小規模向け）

委託者＿＿＿＿＿＿＿＿＿＿＿＿＿＿＿＿＿＿＿＿＿＿＿＿＿＿＿＿＿＿＿＿＿と
受託者＿＿＿＿＿＿＿＿＿＿＿＿＿＿＿＿＿＿＿＿＿＿＿＿＿＿＿＿＿＿＿＿＿は
件　名＿＿＿＿＿＿＿＿＿＿＿＿＿＿＿＿＿＿＿＿＿＿＿＿＿＿＿＿＿＿＿＿＿の
建築の設計業務及び監理業務について、次の条項と添付の四会連合協定　建築設計・監理業務委託契約約款（小規模向け）（以下「本約款」という。）に基づいて、業務委託契約を締結する。

1. 対象となる建築物の概要
　　建　設　地＿＿＿＿＿＿＿＿＿＿＿＿＿＿＿＿＿＿＿＿＿＿＿＿＿＿＿＿
　　主要用途＿＿＿＿＿＿＿＿＿＿＿＿＿＿＿＿＿＿＿＿＿＿＿＿＿＿＿＿＿
　　工事種別＿＿＿＿＿＿＿＿＿＿＿＿＿＿＿＿＿＿＿＿＿＿＿＿＿＿＿＿＿
　　規　模　等＿＿＿＿＿＿＿＿＿＿＿＿＿＿＿＿＿＿＿＿＿＿＿＿＿＿＿＿

2. 業務の実施期間
　　基本設計業務　　　　　　　　　　　　　年　月　日　～　年　月　日
　　実施設計業務　　　　　　　　　　　　　年　月　日　～　年　月　日
　　監理業務（工事監理業務を含む。）　　　　年　月　日　～　年　月　日
　　その他の業務（　　　　　　　　　　）　年　月　日　～　年　月　日

3. 業務委託の種類、内容及び実施方法
　(1)基本設計業務
　　　1)基本業務
　　　　　①設計条件等の整理
　　　　　②法令上の諸条件の調査及び関係機関との打合せ
　　　　　③上下水道、ガス、電力、通信等の調査及び関係機関との打合せ
　　　　　④基本設計方針の策定
　　　　　⑤基本設計図書の作成
　　　　　⑥概算工事費の検討
　　　　　⑦基本設計内容の委託者への説明等
　　　2)オプション業務（基本業務外の業務）　（☑としたものを追加業務委託とする。）
　　　　　□（　　　　　　　　　　　　　　）
　(2)実施設計業務
　　　1)基本業務
　　　　　①委託者の要求等の確認
　　　　　②法令上の諸条件の調査及び関係機関との打合せ
　　　　　③実施設計方針の策定
　　　　　④実施設計図書の作成
　　　　　⑤概算工事費の検討
　　　　　⑥実施設計内容の委託者への説明等
　　　　　⑦設計意図を正確に伝えるための質疑応答、説明
　　　　　⑧工事材料、設備機器等の選定に関する設計意図の観点からの検討、助言等
　　　2)オプション業務（基本業務外の業務）　（☑としたものを追加業務委託とする。）
　　　　　□（　　　　　　　　　　　　　　）

四会連合協定　建築設計・監理等業務委託契約約款調査研究会

(3) 監理業務
　1) 基本業務
　　①監理業務方針の説明等
　　②設計図書等の内容の把握等
　　③設計図書等に照らした施工図等の検討及び報告（設計図書にその旨が記載されている場合に限る）
　　④工事と設計図書等との照合及び確認（建築士法第18条第3項）
　　⑤工事と設計図書等との照合及び確認の結果報告等（建築士法第18条第3項）
　　⑥工事監理報告書等の提出（建築士法第20条第3項）
　2) オプション業務（基本業務外の業務）　☑としたものを追加業務委託とする。）
　　□建築主と工事施工者の工事請負契約の締結に係わる業務
　　　（工事施工者選定についての助言、工事見積徴収への対応、工事見積書内容の検討、工事請負契
　　　約締結への助言を含む）
　　□工事施工者が提案する代替案(VE提案等)の検討・評価　□第三者への説明・協力
　　□遠距離の出張・宿泊費　□常駐監理　□完成図(竣工図)等の作成及び確認
　　□（　　　　　　　　　　　　　　　　　　　）
(4) その他のオプション業務（設計・監理業務以外の業務）　☑としたものを追加業務委託とする。）
　　□地盤・土壌調査実施についての検討・助言　□敷地測量調査実施についての検討・助言
　　□現地及び既存建築物等の調査　□解体工事に関する検討・助言
　　□確認申請及びその他の法令に係わる申請・立会いの代理
　　□住宅性能表示制度に係わる申請・立会いの代理
　　□住宅瑕疵担保責任保険制度に係わる申請・立会いの代理　□融資に係わる申請・立会いの代理
　　□（　　　　　　　　　　　　　　　　　　　）

4．設計業務において、作成する成果図書（建築士法第2条第6項に規定する設計図書を含
　　む。）及びその他の成果物
(1) 基本設計業務
　1) 基本業務
　【成果物の項目】（☑としたものを成果物とする。）
　　☑仕様概要　☑仕上概要　☑配置図　☑平面図　☑断面図　☑立面図　□構造概要　□設備概要
　　□（　　　　　　　　　　　　　　　　　　　）
　2) オプション業務（基本業務外の業務）　☑としたものを成果物とする。）
　　□外観イメージパースの作成　□ボリューム模型等の作成　□（　　　　　　　　　　　　）
(2) 実施設計業務
　1) 基本業務
　【成果物の項目】（☑としたものを成果物とする。）
　　（総合）
　　☑建物概要書　☑仕様書　☑仕上表　☑面積表　☑敷地案内図　☑配置図　☑平面図
　　☑断面図　☑立面図　□矩計図　□展開図　□天井伏図　□詳細図　□建具表　□（　　　　）
　　（構造）
　　☑仕様書　□基礎伏図　□床伏図　□はり伏図　□小屋伏図　□軸組図　□構造計算書
　　□（　　　　　　　　　　　）
　　（設備）
　　☑仕様書　☑設備位置図(電気、給排水衛生及び空調換気)　□（　　　　　　　　　　　　）
　　（共通）
　　☑その他確認申請に必要な図書　□工事費概算書　□（　　　　　　　　　　　　）
　2) オプション業務（基本業務外の追加業務）　☑としたものを成果物とする。）
　　□外観・内観CGパース　□完成模型　□家具・備品等の設計図書
　　□外構(植栽工事等)設計図書　□支給品・貸与品に係る設計図書
　　□（　　　　　　　　　　　　　）

小規模建築設計・監理

5．監理業務において、工事と設計図書との照合の方法及び工事監理の実施状況に関する報告の方法

(1) 工事と設計図書との照合の方法（☑とした方法によるものとする。）
　　□設計図書に示した方法による。
　　□設計図書に照合の方法の記載がない場合には、立会い確認又は書類確認、あるいは両者を併用した方法による確認を抽出によって行う。
　　□その他の方法等（その他の方法等があれば、括弧内に自由記入とする。)
　　（　　）

(2) 工事監理の実施状況に関する報告の方法（☑とした方法によるものとする。）
　　☑工事監理終了後に建築士法に基づいて法定の様式による工事監理報告書を提出する（建築士法第20条第3項で定める業務）。
　　□工事監理業務の期間中に、適宜、工事監理の実施状況を書面で報告する。
　　□その他の方法等（その他の方法等があれば、括弧内に自由記入とする。)
　　（　　）

6．設計又は工事監理に従事することとなる受託者登録の建築士事務所所属の建築士・建築設備士

①設計業務に従事することとなる 建築士※・建築設備士	②工事監理業務に従事することとなる 建築士・建築設備士
【氏名】：	【氏名】：
【資格】(　　)建築士【登録番号】(　　　　)	【資格】(　　)建築士【登録番号】(　　　　)
【氏名】：	【氏名】：
【資格】(　　)建築士【登録番号】(　　　　)	【資格】(　　)建築士【登録番号】(　　　　)
（建築設備の設計に関し意見を聴く者）	（建築設備の工事監理に関し意見を聴く者）
【氏名】：	【氏名】：
【資格】建築設備士【登録番号】(　　　　)	【資格】建築設備士【登録番号】(　　　　)

※設計に従事することとなる建築士が構造設計一級建築士又は設備設計一級建築士である場合にはその旨の記載が必要です。

7．設計又は工事監理の一部の委託先（協力建築士事務所）

一部を委託する 業務の概要	委託先の建築士事務所の名称及び所在地 並びに区分（一級、二級、木造）	開設者の氏名又は法人名称 （開設者が法人の場合は 法人名称及び代表者の氏名）
	名称： 所在地： 区分(一級、二級、木造)：(　　) 建築士事務所	
	名称： 所在地： 区分(一級、二級、木造)：(　　) 建築士事務所	
	名称： 所在地： 区分(一級、二級、木造)：(　　) 建築士事務所	

四会連合協定 建築設計・監理等業務委託契約約款調査研究会

8. 業務報酬の額及び支払の時期（内訳別報酬を示す場合は、内訳欄も記載する）

	報酬額	（内取引に係る消費税及び地方消費税の額）
業務報酬の合計金額	¥	（¥　　　　　）
（内訳）基本設計業務	¥	（¥　　　　　）
実施設計業務	¥	（¥　　　　　）
監理業務	¥	（¥　　　　　）

支払の時期					支払額	（内取引に係る消費税及び地方消費税の額）
業務委託契約時	（	年	月	日）	¥	（¥　　　　　）
基本設計完了時	（	年	月	日）	¥	（¥　　　　　）
実施設計完了時	（	年	月	日）	¥	（¥　　　　　）
	（	年	月	日）	¥	（¥　　　　　）
監理業務完了時	（	年	月	日）	¥	（¥　　　　　）

9. 契約の解除に関する事項

　　　本約款第14条（解除権の行使）及び第15条（解除の効果）の規定による。

10. 特約事項

受託者の建築士事務所登録に関する事項

　建築士事務所の名称　_____

　所在地　_____

　区分(一級、二級、木造)（　　）建築士事務所　（　　）知事登録第_____号

　開設者の氏名又は法人名称　_____

　（開設者が法人の場合は
　　その代表者の氏名）　_____

　この契約の証として本書2通を作り、委託者及び受託者が、記名押印又は署名のうえ、それぞれ1通を保有する。

　　　　　　　年　　月　　日

　委託者　　住所又は所在地　_____

　　　　　　氏名又は名称　_____㊞

　受託者　　住所又は所在地　_____

　　　　　　氏名又は名称　_____㊞

2．設計監理等適正化勉強会資料（第1回～第4回）

自由民主党建築設計議員連盟
第1回設計監理等適正化勉強会 次第

日　　時：平成26年1月22日(水)　12:00～14:00
場　　所：自民党本部7階701号室

■次　第
　　司　　会：衆議院議員　自民党建築設計議員連盟設計監理等適正化勉強会事務局長
　　　　　　　　　　　　　　　　　　　　　　　　　　　　　　盛　山　正　仁
1．開　　会

2．座長挨拶：衆議院議員　自民党建築設計議員連盟事務局長
　　　　　　設計監理等適正化勉強会座長　　　　　　　　　山　本　有　二

3．出席者紹介：(別紙参照)
　　　　　　　国会議員
　　　　　　　国土交通省　住宅局長　　　　　　　　　　　井　上　俊　之
　　　　　　　　　　　　　大臣官房審議官　　　　　　　　橋　本　公　博
　　　　　　　　　　　　　住宅局建築指導課長　　　　　　井　上　勝　徳
　　　　　　　　　　　　　建築指導課企画専門官　　　　　武　井　佐代里
　　　　　　　一般社団法人日本建築士事務所協会連合会会長　三　栖　邦　博
　　　　　　　一般社団法人日本建築士事務所協会連合会副会長
　　　　　　　（日本建築士事務所政経研究会会長）　　　　八　島　英　孝
　オブザーバー　公益社団法人日本建築士会連合会会長　　　三井所　清　典
　オブザーバー　公益社団法人日本建築家協会副会長　　　　森　　　暢　郎

4．議　　題：
(1)「建築物の設計・工事監理の業の適正化及び建築主等への情報開示の充実に関する共同
　　提案」の説明
　　　　　　　一般社団法人日本建築士事務所協会連合会会長　三　栖　邦　博
　　　　　　　　　　　　〃　　　　　　　　　　　副会長　　八　島　英　孝
　　　　　　　公益社団法人日本建築士会連合会会長　　　　三井所　清　典
(2)国土交通省からの説明
　　　　　　　国土交通省住宅局長　　　　　　　　　　　　井　上　俊　之
(3)意見交換
(4)今後の進め方

5．閉　　会

建築物の設計・工事監理の業の適正化及び建築主等への情報開示の充実に関する共同提案

平成25年11月7日

公益社団法人　日本建築士会連合会
会　長　　三井所　清典

一般社団法人　日本建築士事務所協会連合会
会　長　　三栖　邦博

公益社団法人　日本建築家協会
会　長　　芦原　太郎

提案の主旨

・安全・安心で良質な建築物の整備に設計・工事監理の業務は重要な役割を果たしているが、これらの業務を遂行する上で設計・工事監理に関する業のあり方や建築主等への情報開示のあり方等について、建築三会が共同して検討を行い、以下の提案をまとめた。
今後、国民にわかるよう法の改正について検討され、提案する事項について法制度として実現されることを要望するものである。

《設計・工事監理の業の適正化関係》

現状認識

・建築物に関する現行の法制度では、設計・工事監理等の業務を行う建築士と建築士事務所の役割と責任が未だ不明確であり、このため、以下に示す様々な実態が生じ、ひいては建築紛争の増大・長期化等の社会的問題が引き起こされている。
・最高裁の調査報告書では契約責任の不明確に起因する建築紛争の訴訟は依然多く、その処理は長期化している。消費者保護の観点から適切な対応を行うためにも、契約のあり方を含めた制度の改善が望まれている。
・現状の問題点は以下の通りである。

<u>１．無登録の業務</u>
・現行法では、一定規模以上の建築物の設計・工事監理の業務は建築士でなければ行うことはできないが、建築士のいない無登録の者が報酬を得て業として受託し、建築士事務所へ丸投げ（一括再委託）して実施している実態があり、規制が十分でない。

<u>２．丸投げ（一括再委託）</u>
・現行法では建築士事務所から他の建築士事務所への設計・工事監理の丸投げは共同住宅のみ禁止されているが、その他の建築物は丸投げが認められており、責任の所在が不明確である。

<u>３．業務契約</u>
・現行法では設計・工事監理の受託に際し、建築士事務所から建築主への重要事項説明と書面交付の制度があるが、当事者間の合意内容を証する書面による契約が義務化されていないため、紛争が生じやすい。
・最高裁の調査報告書でも建築紛争の多くで契約が書面でなされていない、あるいは必要な取り決めがなされていないなどの指摘がされている。

<u>４．契約当事者の責務</u>
・法令の遵守、建築物の品質の確保については建築士事務所だけでは解決できない問題も多い。
・また、設計等の業務の質を確保するために必要な作業の量とその報酬が確保できない実態がある。
・建築主及び建築士事務所の双方が協力して良質な建築物が実現できるような社会的認識が定着していない。

5．管理建築士の役割
・現行法では事務所を管理する管理建築士の役割は「技術的事項の総括」とされているが、その具体的内容が明示されていないため役割と責任が不明確である。
6．業に関する消費者保護
・建築士事務所の設計等の業務に係る損害賠償保険については加入率が低い状況であり、消費者保護の観点から加入の促進が必要である。
・また、建築紛争の増加や長期化に対応するため設計等の業務に係る紛争を短期間に解決できる仕組が求められている。
7．建築士事務所の名称
・建築士事務所の登録時の名称は都道府県によって級別の明示が行政指導されているところが多いが、全国で統一されていないため、設計等を依頼する消費者にはわかりにくいものとなっている。

提案する事項

1．無登録業務の禁止の実効化
○設計・工事監理の業務は、建築士事務所の登録をした者でなければ他人の求めに応じ報酬を得て業として行うことができないことを徹底させる。　　　　　　　　　　　　　　徹底

2．一括再委託の禁止
○設計・工事監理の業務の一括再委託（丸投げ）は、業務の質の低下を招き、責任の所在が不明確となり、結果的に建築主及び社会に不利益になるため、これをしてはならないものとする。　拡充

3．書面による業務契約の締結の義務化
○建築士でなければ行うことができない設計・工事監理の業務は、建築主（委託者を含む）と建築士事務所の開設者が直接、対等で公正な契約を締結し、書面にして相互に交付しなければ行うことができないものとする。　　　　　　　　　　　　　　　　　　　　　　　　　新規

4．業務契約に当たっての契約当事者の責務の明確化
○建築主及び建築士事務所の開設者は、法令を遵守し、安全・安心で良質な建築物が実現できるよう国土交通大臣の定める報酬基準に準拠した適正な代価で契約の締結に努めなければならないものとする。　　　　　　　　　　　　　　　　　　　　　　　　　　　　　新規

5．管理建築士の責務の明確化
○管理建築士が責任を持つ技術的事項の総括の具体的内容を明確にする。開設者と管理建築士が同一でない場合には、開設者は必要な責任と権限を管理建築士に与えなければならないものとし、開設者は業務契約締結前に管理建築士の意見を聴取し、その意見を尊重しなければならないものとする。　　　　　　　　　　　　　　　　　　　　　　　　　　　　　　　　拡充

6．設計・工事監理の業に関する消費者保護等の充実
○建築士事務所の開設者は、設計等の業務に関し生じた損害を賠償するため、保険契約等の措置を講ずるよう努めなければならないものとする。　　　　　　　　　　　　　新規
○設計等の業務に関するトラブルが生じた場合に裁判によらず短期間で解決できるような仕組を整備する。　　　　　　　　　　　　　　　　　　　　　　　　　　　　　新規

7．建築士事務所の登録時の名称のルール化
○消費者等に、建築士事務所の級別が明確にわかるよう、建築士事務所の登録（更新を含む）の際の建築士事務所の名称に一級、二級、木造の別を明示するものとする。　　　拡充

《建築主等への情報開示の充実等》

現状認識

- 需要が増大する建築リフォームなどで、建築士なりすまし事案のトラブルが相変わらず発生している。消費者に対する建築士資格等の情報開示の方法等が十分でない。
- 建築士名簿の閲覧は建築士会に限られている。また、5年前から紙の免許証に代わり採用された本人の顔写真付き携帯カード型の免許証明書の活用が十分でない。
- 消費者団体から、カード・インターネット社会に対応した簡便で利便性の高い情報開示の方法等が望まれている。
- 現状の建築士名簿は、死亡と推定される建築士が相当数登録されているなど、最新情報で構成されていないため、建築士の実態が把握できない。
- 改正建築士法の5年間の施行状況を踏まえ、消費者への情報開示の他、建築士定期講習制度について、所要の見直しが必要。

提案する事項

1. 建築士資格等の情報開示方法の充実
   - ○資格確認等の利便性を高めるためインターネットにより所要の情報を開示する。　　　【新規】
   - ○建築士に業務を依頼する者から請求があれば、当該建築士は本人確認が容易な顔写真付き免許証明書等を提示するよう努めなければならないものとする。　　　【新規】

2. 建築士免許証明書の改善
   - ○本人照合などを定期的に行い、常に最新の情報を建築士名簿に完備するため、免許証明書に有効期間（5年）を導入する。　　　【新規】
   - ○免許証明書の記載事項を追加し、消費者や保持者の利活用の利便性を高める。　　　【拡充】
   - ○免許証及び免許証明書の有効期間付きの免許証明書への変更・統合を進める。　　　【拡充】

3. 定期講習の見直し
   - ○建築関係法令の改正時期の間隔を勘案し、受講期間を延長する（3→5年）。　　　【省令改正】
   - ○建築士会及び建築士事務所協会も登録講習機関となれるよう登録要件を見直す。　　　【拡充】

4. 建築士免許証明書と定期講習の連動
   - ○免許証明書の有効期間と定期講習の受講期間を同一の期間とし、免許証明書に定期講習受講の有無を明記することで、消費者や保持者の利活用に資する。　　　【新規】

共同提案[1]～[3]関係　　共同提案の対象となる業種・業態への具体的制限内容

[主旨]：建築士でなければすることができない設計・工事監理について、業の適正化を目指す。
[提案事項]：[1] 無登録業務の実効化
　　　　　　[2] 一括再委託の禁止
　　　　　　[3] 書面による業務契約の締結の義務化

業種・業態	[A] (設計事務所)	[B-1] (建設会社、リフォーム会社等)	[B-2] (建設会社、リフォーム会社等)	[C] (宅建業、コンサル業等)
事務所登録	あり	あり	なし	なし
建設業許可	なし	あり	あり	なし
制限内容 対象範囲 (※1)	■書面による契約の締結 →[3] ■一括再委託の禁止 →[2]	■設計施工の場合、設計・工事監理契約を書面で結ぶ →[3] ■設計施工契約の場合 所属する建築士が建築確認申請図書に記名・押印する。(外注先の建築士のみの記名押印ではNG) →[2]	■設計・工事監理業務は受託できない →[1][2][3] (設計施工という形の契約はできない) ・設計・工事監理については、実際に設計・工事監理を実施する建築士が、その事務所に所属し、実際に設計・工事監理を実施する建築士がその事務所に所属し、実際に設計・工事監理を実施する建築士が建築確認申請図書に記名押印する。 (※2)	■設計・工事監理業務は受託できない →[1][2][3] ・設計・工事監理については、実際に建築主と直接契約し、実際に設計・工事監理を実施する建築士が、その事務所に所属し、実際に設計・工事監理を実施する建築士が建築確認申請図書に記名押印する。 (※2)
対象外	◆ 一般木造住宅であれば延べ面積100㎡未満の設計・工事監理など			

(※1)：建築士でなければすることができない建築物の設計・工事監理（士法第3条、3条の2、3条の3）
　　　一般木造住宅であれば延べ面積100㎡以上の設計・工事監理
(※2)：建築主(甲)、大工・工務店(乙)と建築士事務所(丙)が、それぞれの責任範囲で明記した一本の契約書で契約する方法も考えられる。

164

【1】 無登録業務の禁止の実効化

　設計・工事監理の業務は、建築士事務所の登録をした者でなければ他人の求めに応じ報酬を得て業として行うことができないことを徹底させる。　　　　　　　　　[徹底]

◆ **規制の対象等**　　　　　　　　　　　　（別表「共同提案【1】～【3】関係」参照）

・建築士でなければすることができない設計・工事監理業務の範囲（建築士の独占業務の範囲）に限定する。（士法第3条、3条の2、3条の3）
・建築士でなくとも行うことができる業務（延べ面積100㎡未満の一般木造住宅など）の範囲については現行のまま規制しない。

◆ **一人親方等の大工技能者の設計施工業務への影響等について**

対象範囲	影響と対応	備　考
一般木造住宅であれば延べ面積100㎡以上の場合	●現行でも明確な契約は締結していないが設計・工事監理を行う建築士事務所に建築確認申請図書作成等の協力を得ており、制限後も協力を得ていくことは変わらない。 → 設計・工事監理を行う建築士事務所が建築主と直接契約し、その事務所に所属し、実際に設計・工事監理を実施する建築士が建築確認申請図書に記名押印する。（※1）	●この範囲を請負う工務店等の多くは建築士事務所登録をしているので、（JBN会員の場合ほぼ100%が登録）影響の範囲は少ない。 ●制限後も現行と同様に設計・工事監理を行う建築士事務所等と連携していくことになる。
同上100㎡未満の場合	●制限対象にならない。	●影響はない。

（※1）建築主（甲）、大工・工務店（乙）と建築士事務所（丙）が、それぞれの責任範囲を明記した一本の契約書で契約する方法も考えられる。

参考1

建築士法 (昭和25年5月24日法律第202号)

(登録)

第23条
　一級建築士、二級建築士若しくは木造建築士又はこれらの者を使用する者は、他人の求めに応じ報酬を得て、設計、工事監理、建築工事契約に関する事務、建築工事の指導監督、建築物に関する調査若しくは鑑定又は建築物の建築に関する法令若しくは条例の規定に基づく手続の代理(木造建築士又は木造建築士を使用する者(木造建築士のほかに、一級建築士又は二級建築士を使用する者を除く。)にあっては、木造の建築物に関する業務に限る。以下「設計等」という。)を業として行おうとするときは、一級建築士事務所、二級建築士事務所又は木造建築士事務所を定めて、その建築士事務所について、都道府県知事の登録を受けなければならない。

(無登録業務の禁止)

第23条の10
　建築士は、第23条の3第1項の規定による登録を受けないで、他人の求めに応じ報酬を得て、設計等を業として行つてはならない。

2　何人も、第23条の3第1項の規定による登録を受けないで、<u>建築士を使用して</u>、他人の求めに応じ報酬を得て、設計等を業として行つてはならない。

【2】 一括再委託の禁止

> 設計・工事監理の業務の一括再委託(丸投げ)は、業務の質の低下を招き、責任の所在が不明確となり、結果的に建築主及び社会に不利益になるため、これをしてはならないものとする。　　　　　　　　　　　　　　　　　　　　　　　　［拡充］

◆ **規制の対象等**　　　　　　　　　　　　　　（別表「共同提案【1】～【3】関係」参照）
- 建築士でなければすることができない設計・工事監理業務(建築士の独占業務)の対象範囲について、現行では共同住宅等に限定して一括再委託を禁止しているものを全ての建築物について規制対象を拡大する。
- 設計・工事監理業務の一部を元請事務所から受託した場合についても、この業務の一括再委託は禁止する。
- 建築士でなくても行うことができる設計・工事監理業務(延べ面積100㎡未満の一般木造住宅など)については現行のまま規制しない。

● **参考**

【建築士法】

(再委託の制限)

> 第24条の3
> 　建築士事務所の開設者は、委託者の許諾を得た場合においても、委託を受けた設計又は工事監理の業務を建築士事務所の開設者以外の者に委託してはならない。
> 2　建築士事務所の開設者は、委託者の許諾を得た場合においても、委託を受けた設計又は工事監理(いずれも共同住宅その他の多数の者が利用する建築物で政令で定めるものであつて政令で定める規模以上のものの新築工事に係るものに限る。)の業務を、それぞれ一括して他の建築士事務所の開設者に委託してはならない。

【建築士法施行令】

(その設計等の業務が再委託の制限の対象となる多数の者が利用する建築物及びその規模)

> 第8条
> 　法第24条の3第2項 の政令で定める建築物は、共同住宅とする。
> 2　法第24の3第2項 の政令で定める規模は、階数が3で、かつ、床面積の合計が千平方メートルのものとする。

【3】 書面による業務契約の締結義務化

> 建築士でなければ行うことができない設計・工事監理の業務は、建築主（委託者を含む）と建築士事務所の開設者が直接、対等で公正な契約を締結し、書面にして相互に交付しなければ行うことができないものとする。　　　　　　　　　［新規］

◆ 規制の対象等　　　　　　　　　　　　（別表「共同提案【1】～【3】関係」参照）
- 建築士でなければすることができない設計・工事監理業務（建築士の独占業務）の範囲に限定する。（士法第3条、3条の2、3条の3）
- ただし、上記の<u>一部を再委託する契約</u>も対象とする。
- 建築士でなくても行うことができる設計・工事監理業務（延べ面積100㎡未満の一般木造住宅など）の範囲については現行のまま規制しない。

◆ 書面による契約の必要性（概要）
- 最高裁の報告書等において提言されている「契約が書面でなされていない、あるいは必要な取りきめがなされていないなどの建築界の契約慣行」の改善
- 現行の「重要事項説明書」や「書面の交付」は、建築士事務所の開設者の一方的な文書であり、契約当事者間の合意内容の実証記録としては不十分。
- 契約書の取交しにより、双方の責任と権利が明確になり、双方の利益保護になる。

◆ 契約書に記載すべき事項のイメージ
- 該当する全ての業務契約で共通する必要最低限の内容とする。
- 現行法の「書面の交付」程度の内容とする。　　（別紙［参考2］参照）

◆ 「書面の交付」の省略
- 契約書の記載内容に、「書面の交付」の記載事項が全て記載されるため、「書面の交付」は省略できることとする。
- 建築士でなくても行うことができる業務（延べ面積100㎡未満の一般木造住宅など）の範囲については、現行どおり書面の交付」を行うものとするが、「書面による契約」を締結した場合は、同様に「書面の交付」は省略できることとする。

参考2

書面の交付で規定されている事項

規定されている事項	書面の交付で規定されている事項（士法第24条の8）	重要事項説明で規定されている事項（士法第24条の7）
1．建築士事務所の名称及び所在地	○	○
2．建築士事務所の開設者の氏名または名称	○	○
3．契約の年月日	○	×
4．契約の相手方の氏名又は名称	○	×
5．対象となる建築物の概要	○	○
6．業務の種類及び内容、実施方法及び実施期間	○	×（下記7,8を除く）
7．作成する設計図書の種類（設計契約受託の場合）	○	○
8．工事と設計図書との照合の方法及び工事監理の実施状況に関する報告の方法（工事監理契約受託の場合）	○	○
9．設計又は工事監理に従事することとなる建築士の氏名・登録番号、建築設備士の氏名	○	○
10．設計又は工事監理の一部を委託する場合の委託する業務の概要、委託先	○	○
11．報酬の額及び支払時期	○	○
12．契約の解除に関する事項	○	○

【4】業務契約に当たっての契約当事者の責務の明確化

> 建築主及び建築士事務所の開設者は、法令を遵守し、安全・安心で良質な建築物が実現できるよう国土交通大臣の定める報酬基準に準拠した適正な代価で契約の締結に努めなければならないものとする。　　　　　　　　　　　　　[新規]

◆　規制の対象等　　　　　　　　　　　（別表「共同提案【1】～【3】関係」参照）
・建築士でなければすることができない設計・工事監理業務(建築士の独占業務)の範囲に限定する。(士法第3条、3条の2、3条の3)
・ただし、上記の一部を再委託する契約も対象とする。
・建築士でなくても行うことができる業務(延べ面積100㎡未満の一般木造住宅など)の範囲については現行のまま規制しない。

◆　契約締結に際しての責務規定(努力義務)の必要性
・社会通念に反する不当な要求事項や不当に低い報酬による契約は、業務の質の低下や設計の手抜き等の原因になりやすいため、これらを抑制する規定が必要。
　　　　　　　　　　　　　　　　　　　　　　　　　　　(※構造計算書偽装事件等の教訓)
・建築主と設計者の双方が協力して良質な建築物を実現させるような社会的認識が定着していないため、これらを誘発し促進させる。

◆　契約当事者双方の契約締結に際しての責務
　①　法令を遵守し、安全・安心で良質な建築物にする責務
　②　上記を実現するために必要となる適正な対価による契約締結への努力義務

◆　大臣の定める「報酬基準に準拠」の考え方
・建築士法において、国土交通大臣は「報酬の基準を定め、これを勧告することができる」と定めている。(第25条)
・告示第15号で定めたのは、報酬額の基準ではなく、報酬の算定方法の考え方である。略算方法も定めているが、これは業務量(人・時間)を算定する方法で報酬額の算定法ではない。
・「報酬基準に準拠」とは、この「算定方法の考え方に沿って算定すること」を指している。

◆　「適正な対価での契約の締結に努める」の考え方
・告示第15号に定める算定方法の考え方に沿って報酬見積額を算定する。
・契約交渉において、この報酬見積額について双方協議する。
・双方協議し合意した報酬額で契約するように努力する。

【5】 管理建築士の責務の明確化

> 管理建築士が責任を持つ技術的事項の総括の具体的内容を明確にする。開設者と管理建築士が同一でない場合には、開設者は必要な責任と権限を管理建築士に与えなければならないものとし、開設者は業務契約締結前に管理建築士の意見を聴取し、その意見を尊重しなければならないものとする。　　　　　　　［拡充］

◆ **管理建築士の責務**
- 現行士法では、「業務に係る技術的事項を総括」と記載されているが、具体的な内容の記載はない。(第24条第3項)
- 「建築士法の解説」(監修：旧建設省住宅局建築指導課)において、次の4項目が記載されている。これを法令に明記する。
    ① 受託する業務の量及び難易並びに業務の遂行に必要な期間の判定
    ② 業務に当たらせる技術者の選定・配置
    ③ 他の建築士事務所との提携及び提携先に行わせる業務範囲の案の決定
    ④ 建築士事務所に所属する建築士をはじめとする技術者の行う業務の管理とその適正の確保

◆ **「必要な権限を管理建築士に与える」の考え方**
- (開設者と管理建築士が同一でない場合)開設者は、上記の4項目を実行できる権限を管理建築士に与えなければならないことを明記する。

◆ **「管理建築士の意見を聴取する義務」の考え方**
- 「建築士法の解説」(前出)では、「管理建築士が、‥‥業務の契約に際し契約内容について必要な意見を述べることが重要」と解説されている。
- 開設者と管理建築士が同一でない場合は、「契約前に契約内容について意見を述べる機会」が確保される必要があるため、開設者は管理建築士の意見を尊重しなければならないことを規定する。

◆ **「管理建築士の意見を尊重する」**
- 管理建築士が開設者に述べた意見を実効あるものとするために、管理建築士の意見を尊重しなければならない規定を置く。

【6】設計・工事監理の業に関する消費者保護等の充実

> 建築士事務所の開設者は、設計等の業務に関し生じた損害を賠償するため、保険契約等の措置を講ずるよう努めなければならないものとする　　　　［新規］
>
> 設計等の業務に関するトラブルが生じた場合に裁判によらず短期間で解決できるような仕組を整備する。　　　　　　　　　　　　　　　　　　［新規]

◆ 「保険契約等の措置」の努力義務
- 現行士法の「書類の閲覧」では、「損害賠償に必要な金額を担保するための保険契約の締結その他の措置」に関する書類を備えることとしている。（第24条の6第3項）
- 賠償保険の加入率(※)が低いため、加入を促進させるための努力義務が必要

　　　　　　　　　　(※)三団体合計の賠償保険の加入率＝約12.3%

◆ 「裁判によらない解決の仕組の整備」
- 建築紛争は「裁判」による解決まで長期間を要するため、損害を受けた建築主の大きな負担になっている。
- 「裁判」と「苦情解決業務」の間を埋める「裁判によらない解決の仕組」を整備する必要がある。

【7】建築士事務所の登録時の名称のルール化

> 消費者等に、建築士事務所の級別が明確にわかるよう、建築士事務所の登録(更新を含む)の際の建築士事務所の名称に一級、二級、木造の別を明示するものとする。　　　　　　　　　　　　　　　　　　　　　　　　　　　[拡充]

◆ **名称のルール化**
・名称のつけ方について、都道府県の行政指導に統一性がないため(参考3)、登録時の名称(正式名称)の付け方の統一ルールを作る。
・建築主等(消費者)が「登録名簿」や「設置標識」の確認に出向かなくても、正式名称で、一級、二級、木造の種別が分るようにする。

◆ **建築士事務所の名称・種別がわかるような書式の充実が必要なもの**
① 重要事項説明書　(現行では事務所の名称は明示されるが種別が明示されていない。)
② 契約書　(作成を義務化し、建築士事務所の名称(種別を含む)を明示する。)
③ 「建築基準法による確認済」(表示板、第68号様式)(現行では「設計者氏名」とあり、建築士事務所名(種別を含む)の記載が明らかになっていないため、ばらばらな運用となっている。)

◆ **正式名称の事例**
　　[従前]：㈱○○デザイン工房
　　[改正]：㈱○○デザイン工房　二級建築士事務所

参考3

建築士事務所名称にかかわる照会と回答

「建築士法の解説」（住宅局建築指導課監修）P.327 より）

●昭和２６年８月２０日

建築士事務所の開設について

照会　一級建築士の免許を受けた者が建築事務所を開設するに当り、開設届に一級建築士事務所の表示がなくても差し支えないか。

回答　建築士法施行規則（昭和二十五年建設省令第三十八号）第十八条（注：現行法建築士法施行規則第二十条）の規定による、一級建築士、二級建築士事務所開設届（注：現行法登録申請書）中建築士事務所名称欄には、一級建築士事務所又は二級建築士事務所の別を明らかにする必要があるから、左の例によって指導されたい。

一　○○一級建築士事務所
二　○○建設会社二級建築士事務所
三　○○工務店○○支店一級建築士事務所
四　○○建築事務所二級建築士事務所

又一級建築士事務所、二級建築士事務所の名称を固有名称の上に冠記しても差し支えない。

（昭二六・八・二〇付　住指一〇一号　建設省住宅局建築指導課長から兵庫県建築課長宛回答）

●昭和３１年４月３０日

一級二級の区別の標示

照会　建築士事務所の開設にあたり従来届出制による場合その事務所の名称中に「一級建築士事務所」若しくは「二級建築士事務所」の字句を用いるよう昭和二十六年八月二十日付住指第百一号をもって貴職より指導せられましたが、今般建築士法の改正による登録を施行するにあたって同様夫々の字句を用いる必要があるか否や疑義を生じましたから何分の御折り返し御指示ありたく照会します。

回答　建築士事務所の名称中一級、二級の区別を明確にすることは行政上望ましいことであるが、必ずしも必要ではない。

（昭三一・四・三〇付　住指受四八一号　建設省住宅局建築指導課長から山口県土木部長宛回答）

174

（1） 建築士事務所登録に際しての名称の付け方の行政指導の有無

2011.8 日事連調査

行政指導の有無	回答数	都道府県（34都道府県）
あり	22	北海道、秋田、山形、茨城、栃木、埼玉、千葉、東京、神奈川、富山、静岡、愛知、三重、滋賀、大阪、岡山、広島、山口、愛媛、高知、福岡、熊本
なし	12	青森、福島、群馬、新潟、長野、石川、兵庫、鳥取、長崎、大分、宮崎、沖縄
計	34	

（2） 行政指導の内容

	行政指導の内容	回答数	都道府県（22都道府県）
a	一級、二級、木造建築士事務所のいずれかを事務所名に入れる	12	茨城、千葉、東京、神奈川、富山、静岡、愛知、三重、大阪、山口、福岡、熊本
b	二級建築士事務所、木造建築士事務所のいずれかを事務所名に入れる	4	秋田、山形、滋賀、愛媛
c	その他（法人名を入れる等）	15	北海道、秋田、茨城、埼玉、東京、神奈川、富山、静岡、滋賀、大阪、岡山、山口、愛媛、高知、福岡
	計	31	＊複数回答

「建築主等への情報開示の充実等」に関する補足説明資料

1 免許証等の現状

新たに建築士となる者には、従前、A4紙の免許証を交付していたが、平成20年度から、免許証に替わって、携帯カード型の免許証明書（以下、「カード」）を交付。

交付者も、一級建築士は、国交省から中央指定登録機関である日本建築士会連合会に、また、二級・木造建築士は、都道府県から都道府県指定登録機関である建築士会（未指定8県）に替わっている。

カードは顔写真付きだが、カードに有効期間はない。また、現状の建築士登録名簿は、死亡と推定される建築士も相当数登録されているなど、最新情報で構成されていないため、建築士の実態把握は困難。

2 カードの改善（以下、「新カード」）の提案
（1）提案の内容
○本人照合などを定期的に行い、常に最新の情報を建築士名簿に完備するため、カードに有効期間（5年）を導入する。（適正な情報開示（写真・講習履歴）と名簿の適正化）
○カードの記載事項を追加し、消費者や保持者の利活用の利便性を高める。

（2）新カードの適用
○新制度発足後の新規建築士から新カードを交付する。（既存建築士には、強制しないが、新カードへの移行を推奨する）
○新カードの有効期間は、本人の申請により更新する。
　更新しない者の建築士資格は失効しない。（申請により、新カードの再取得は可能）

（3）類似の事例
　パスポート、教育職員免許状、宅地建物取引主任者証

（4）新カード移行の課題
　制度発足後、免許証・カード、新カード・有効期間切れの新カードの4種類が併存するが、新カードの活用策と相俟って、中期的に、新カードの更新制の定着を目指す。

3 インターネットでの建築士資格等の情報開示の提案
（1）提案の内容
○資格確認等の利便性を高めるためインターネットにより所要の情報を開示する。

（2）情報開示対象の建築士
　新カードの更新等最新情報を適正に提供する建築士（住所等の届出を行う者、定期講習受講者を含む）とし、建築士の実態把握の改善に繋げ、建築主等による建築士の適切な選択／建築士なりすましの防止に資することとする。

（3）情報開示者
　インターネットでの情報開示者は、一級建築士については、日本建築士会連合会が、また、二級・木造建築士については、建築士会・県（未指定8県）とする。

（4）類似の事例
　弁護士、医師

4　定期講習の見直しの提案
（1）提案の内容
○建築関係法令の改正時期の間隔を勘案し、受講期間を延長する（3→5年）。
○建築士会及び建築士事務所協会も登録講習機関となれるよう登録要件を見直す。
（2）登録講習機関の登録要件の見直しの内容
　現行の登録基準では、団体の代表者が建築関連事業者であれば、登録講習機関になれない。建築士会及び建築士事務所協会は、建築士等に対する研修を責務とする法定団体であるにもかかわらず、この基準に適合しないため、登録講習機関になれない。両団体の自律的監督体制強化の観点から、登録講習機関となれるよう登録基準を見直す。

5　新カードと定期講習の連動の提案
（1）提案の内容
○新カードの有効期間と定期講習の受講期間を同一の期間とし、新カード（更新）に定期講習受講の有無を明記することで、消費者や保持者の利活用に資する。
（2）連動の意義
　新カードを見れば、定期講習受講の有無が明白。新カード保持者で、定期講習の受講義務が課せられている者については、同講習の修了を新カード更新の条件とすることで、更新制の定着とともに、定期講習の未受講者に対する国や県などの監督事務の簡素化が期待される。

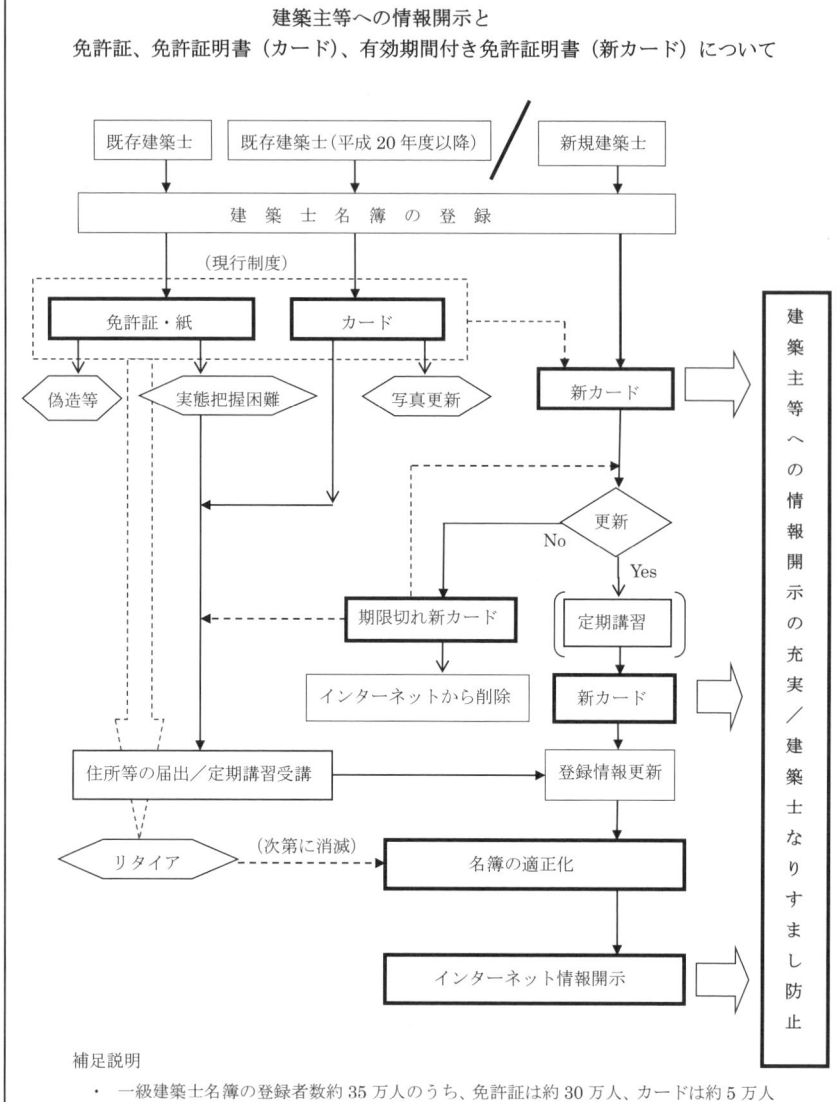

建築主等への情報開示と免許証、免許証明書（カード）、有効期間付き免許証明書（新カード）について

```
既存建築士    既存建築士（平成20年度以降）    新規建築士
        ↓           ↓                  ↓
        建 築 士 名 簿 の 登 録
    （現行制度）
    ┌─────────────┬────────┐         │
    │ 免許証・紙  │ カード │ ───→    新カード  ⇒ 建築主等への情報開示の充実／建築士なりすまし防止
    └──┬────┬───┴───┬────┘              ↓
   偽造等 実態把握困難 写真更新            更新
                                      No／Yes
                                   ↓      ↓
                              期限切れ新カード  定期講習
                                   ↓      ↓
                          インターネットから削除  新カード
                                          ↓
    住所等の届出／定期講習受講 ─────→ 登録情報更新
         ↓
       リタイア ・・・（次第に消滅）・・・→ 名簿の適正化
                                          ↓
                                   インターネット情報開示 ⇒
```

補足説明
- 一級建築士名簿の登録者数約35万人のうち、免許証は約30万人、カードは約5万人
- 免許証・カード、新カード・新カード（期限切れ）の4種類。免許証等は次第に消滅。時間をかけて、新カードに統合（期限切れカード情報はインターネットに掲載しない）
- 新カードの利用価値を高めることで、新カードへの切替を促進。

建築士インターネット検索システムの構築について（構想）

1 趣旨等

　建築士インターネット検索システムは、建築士に関する情報を検索できるようにするものであり、建築主等の利便性向上を目的とし、構築するものである。

　インターネット検索システムでは、最新情報を開示することとし、その対象者は、本会が法改正を要望している有効期間付きの免許証明書の保持者、住所等の届出を行う者及び定期講習受講者（建築士定期講習受講の際に登録講習機関へ提出される受講申込書を住所等の届出と見なす）とする。

　現状の建築士名簿の閲覧所は、一級建築士については、日本建築士会連合会及び各県の建築士会、また、二級・木造建築士については、各県の建築士会又は県庁である。但し、閲覧対象は、各県知事が免許交付した二級・木造建築士に限られ、他県知事の免許交付に係る二級・木造建築士名簿の閲覧はできない。

　しかしながら、本システムが稼働すれば、一、二級などの別なく、免許証明書の更新等を適正に行う建築士、業務に携わる建築士などの建築士全てについて、インターネットが利用可能な環境であれば、どこからでも検索可能となる。また、このことにより、建築士の実態把握の改善に繋がることが期待される。

2 建築士インターネット検索システムの概要

　一級建築士インターネット検索システムは、中央指定登録機関である日本建築士会連合会が、また、二級・木造建築士インターネット検索システムは、都道府県指定登録機関である建築士会及び関係県が、設置・運営することを想定している。

　本システムの実施に当たっては、建築士DBを管理する関係団体の協力を得て行うとともに、本システム運営に必要な二級・木造建築士DBの整備に係る新たな業務については、日本建築士会連合会が建築士会等を支援して行うことを想定している。

　また、本システムの設置・運営に要する経費について、基本的には、日本建築士会連合会及び各県建築士会等の既存財源を充当するが、本事業の公共性に鑑み、本事業の円滑な実施のため、国、都道府県からの財務支援を要望する。

設計関係3団体の共同提案に係る国土交通省の基本的な考え方

制度的な方向性の凡例：　●…法改正（政省令を除く）の議論対象

＜設計・工事監理の業の適正化関係＞

提案事項	法令や他制度との関係に係る論点
1．無登録業務の禁止の実行化 ☐ 設計・工事監理の業務は、建築士事務所の登録をした者でなければ他人の求めに応じ報酬を得て業として行うことができないことを徹底させる。 ＜現行制度＞ ☐ 現行の建築士法においては、建築士またはこれらの者を使用する者は、報酬を得て業として設計、工事監理その他の業務を行う場合には、建築士事務所を定めて都道府県知事の登録を受けることとされている。（法第23条） ☐ 建築士事務所の開設者は、設計・工事監理の委託を受ける契約を建築主と締結するときには、建築主に対して管理建築士等により重要事項の説明をさせなければならない。（法第24条の7）	―
2．一括再委託の禁止 ☐ 設計・工事監理の業務の一括再委託（丸投げ）は、業務の質の低下を招き、責任の所在が不明確となり、結果的に建築主及び社会に不利益になるため、これをしてはならないものとする。 ＜現行制度＞ ☐ 現行の建築士法では、一定規模以上の共同住宅等の多数の者が利用する新築の建築物について、委託者の許可によらず、一括再委託が禁止されている。（法第24条の3／平成18年改正により新設で規定）	☐ 委託者の承諾があっても再委託を禁止する建築物を、共同住宅をはじめ多数の者が利用する建築物に限っている趣旨は、多数の者が利用する建築物に問題があれば委託者だけの不利益では済まなくなるため、民法の基本原則（委託者の承諾があった場合は一括再委託が認められている）を修正したもの。 ☐ 委託者にしか不利益が及ばない建築物については、質の低下などが起こる懸念があれば、委託者が承諾しなければよいと判断されている。 ☐ 一括再委託の禁止の対象となる建築物を広げる場合には、その必要性・合理性について立証することが必要。
3．書面による業務契約の締結の義務化 ☐ 建築士でなければ行うことができない設計・工事監理の業務は、建築主（委託者を含む）と建築士事務所の開設者が直接、対等で公正な契約を締結し、書面にして相互に交付しなければ行うことができないものとする。 ＜現行制度＞ ☐ 現行の建築士法では、設計・工事監理契約を締結したときには、建築士事務所の開設者は委託者に書面を交付することとされている。（法第24条の8／平成9年改正時に新設された規定であり、当時は建築主に対して交付することを求めていた。平成18年改正時に建築士事務所同士の契約にも適用されるよう範囲が拡大された。）	現行制度は、事業者と一般消費者との情報の格差が大きいことを踏まえて、消費者保護の観点から、契約締結の際に書面の交付を建築士事務所に対して義務づけているものと考えられる。 ☐ 契約締結を建築主に対しても義務づける場合には、建築主にとっても有益であることを立証することが必要。 ☐ 建築士事務所間の契約については上記の懸念は該当しない。

○…省令・技術的助言等の議論対象
△…提案の一部について省令・技術的助言等の議論対象
×…制度的な対応困難

提案に対する基本的な考え方		制度的な方向性
政策的な効果に係る論点	関係者との調整が必要となる論点	
ー	☐ 大工・工務店の中には商慣習で、建築主と包括的に契約し、建築確認手続きは提携する建築士事務所に依頼するという業務形態をとっている場合があることから、関係団体から意見を聴くことが必要。 ☐ 建築設備関係業務について、設計補助業務という位置づけで発注者である地方公共団体と設備設計会社が直接契約することが多いが、提案内容を徹底すると発注者である地方公共団体が過剰に反応して、建築士事務所に発注を限定するのではないかとの懸念が建築設備関係者から示されている。	※ 関係団体の意見を踏まえ検討 関係団体の同意が得られれば、建築物の設計・工事監理に係る契約は、建築主と建築士事務所の間で締結されることが必要であり、建築士事務所の開設者は契約を締結しようとするときはあらかじめ建築主に対して管理建築士等をして重要事項の説明を行うことが必要であることを技術的助言により周知徹底することを検討する。
ー		● 法改正検討事項
☐ 建築主と建築士事務所の間の契約について、建築設計業務の契約の時点は実態として様々であり、契約締結の義務違反を特定することが現実的には困難であることから、実効性のある規制にならない可能性が高い。 ☐ 建築士事務所間の契約については、契約の時点は比較的特定されており、契約締結の義務をかけても実効性が確保されると考えられる。	☐ 大工・工務店の中には商慣習で、建築主と包括的に契約し、建築確認手続きは提携する建築士事務所に依頼するという業務形態をとっている場合があることから、関係団体から意見を聴くことが必要。	● 法改正検討事項

提案事項	法令や他制度との関係に係る論点
4．業務契約に当たっての契約当事者の責務の明確化 □ 建築主及び建築士事務所の開設者は、法令を遵守し、安全・安心で良質な建築物が実現できるよう国土交通大臣の定める報酬基準に準拠した適正な代価で契約の締結に努めなければならないものとする。 ＜現行制度＞ □ 現行の建築士法では、建築士事務所の開設者が請求することができる報酬の基準を定めることができるとされており、この規定に基づき設計・工事監理に係る業務量を告示により示している。（法第25条）	□ 現行制度は、設計等が独占業務であり報酬が不当に引き上げられかねないこと、過当競争により不当に引き下げられれば適正な業務の妨げになることから、報酬の目安となるよう、設計・工事監理に係る業務量を示している。 □ これらの報酬の基準について、建築主にまで義務（努力義務も含む）を課す場合には、建築主にとっても有益であることを立証することが必要。
5．管理建築士の責務の明確化 □ 管理建築士が責任を持つ技術的事項の総括の具体的内容を明確にする。開設者と管理建築士が同一でない場合には、開設者は必要な責任と権限を管理建築士に与えなければならないものとし、開設者は業務契約締結前に管理建築士の意見を聴取し、その意見を尊重しなければならないものとする。 ＜現行制度＞ □ 現行の建築士法では、管理建築士は建築士事務所の業務に係る技術的事項を統括する者とされており、受託する業務量・難易度・業務期間の判定や業務に当たらせる技術者の選定・配置などを行う。建築士事務所の行う業務に関する管理に限られ、個々の業務の実施についての管理は行わない。（法第24条）	□ 管理建築士の責任と権限の内容について、管理建築士の責任として法律に規定されることを前提として、管理建築士の業務の実態を踏まえ、具体化する必要がある。 (参考)「建築士法の解説」における 　　管理建築士の役割 ①受託する業務の量及び難易並びに業務の遂行に必要な期間の判定 ②業務に当たらせる技術者の選定・配置 ③他の建築士事務所との提携及び提携先に行わせる業務範囲の案の決定 ④建築士事務所に所属する建築士をはじめとする技術者の行う業務の管理とその適性の確保

第6章 参考資料

提案に対する基本的な考え方		制度的な方向性
政策的な効果に係る論点	関係者との調整が必要となる論点	
－	－	● 法改正検討事項
☐ 管理建築士の責任範囲を明確にすることにより、建築士の指導監督等の合理化が可能となり、政策的に有効と考えられる。 ☐ 大手建設業やハウスメーカー等の場合に実効性を確保できるのかどうかを検討することが必要（建築士事務所を100程度開設している法人があり、開設者（経営側）が業務契約締結ごとに管理建築士の意見を聴くことは困難）	－	● 法改正検討事項

提案事項	法令や他制度との関係に係る論点
6．設計・工事監理の業に関する消費者保護等の充実 ☐ 建築士事務所の開設者は、設計等の業務に関し生じた損害を賠償するため、保険契約等の措置を講ずるよう努めなければならないものとする。 <現行制度> ☐ 現行の建築士法では、瑕疵担保に係る損害保険加入の努力義務に関する規定はないが、書類の閲覧に係る規定において、損害保険の加入をしている場合にその内容を記載した書類の閲覧義務を規定している。（法第24条の6）	☐ 努力義務であれば制度化は可能。 ☐ 法第24条の7第1項の重要事項説明の項目に「保険契約の締結の有無及び締結している場合にはその内容」を加えることも考えられる。（省令改正）
☐ 設計等の業務に関するトラブルが生じた場合に裁判によらず短期間で解決できるような仕組みを整備する。 <現行制度> ☐ 住宅については、建設住宅性能評価書が交付されている住宅で評価書の内容と異なる場合や住宅瑕疵担保責任保険が付されている住宅で瑕疵がある場合、全国の弁護士会（52会）に設けられた住宅紛争審査会で、裁判外の紛争処理（あっせん・調停・仲裁）を行っており、また、住宅リフォーム・紛争処理支援センターでは、上記の住宅以外の住宅に関しても相談、助言等を行っている。	－
7．建築士事務所の登録時の名称のルール化 ☐ 消費者等に、建築士事務所の級別が明確にわかるよう、建築士事務所の登録（更新を含む）の際の建築士事務所の名称に一級、二級、木造の別を明示するものとする。 <現行制度> ☐ 現行の建築士法では、建築士事務所の名称に、建築士事務所の種別を含めることを求めていないが、登録申請書や閲覧に供する書類には、建築士事務所の種別が明記されている。（建築士法施行規則第5号様式、第7号の2様式）	－

提案に対する基本的な考え方		制度的な方向性
政策的な効果に係る論点	関係者との調整が必要となる論点	
☐ 消費者保護の観点から、損害保険加入が促進されることは有効と考えられる。	―	● 法改正検討事項
☐ 建設業法の建設工事紛争審査と同様のスキーム（国土交通省・都道府県に建設工事紛争審査会を置く）にすることを提案しているとすれば、行政改革の流れに反することになる。 ☐ 裁判外紛争解決手続の利用の促進に関する法律に基づき、法務大臣の認証を受けて裁判外紛争解決を実施する制度が存在する。	―	△ 法改正ではなく制度運用により対応（今後の検討課題）
☐ 消費者保護の観点から、事務所の名称に建築士事務所の種別の明記を求めるのであれば、名刺等を含むあらゆる事務所名称表示の機会に、建築士事務所の種別を含めた事務所の名称を用いることが必要。 ☐ 建築士事務所の名称について、建築士事務所の種別を法人名称に含めていない建築士事務所が多数存在している中で、事務所名の変更を強制することについては実態として困難と考えられ、制度化の必要性について議論が必要。 ☐ 建築士事務所の登録申請事項、建築士事務所における標識の掲示事項・書類の閲覧事項では建築士事務所の種別が分かるようになっているが、一方で、重要事項説明事項には種別を説明することとしていない。また、建築工事現場の表示の様式において建築士事務所の情報を記載することにはなっていない（設計者のみ）。	☐ 名称に建築士事務所の種別を入れていない建築士事務所への影響や、消費者が知りうる情報について建築士事務所の区分が明示されることを考慮することが必要。	△ 重要事項説明において、建築士事務所の名称に加えて、建築士事務所の種別もあわせて説明事項とすることを検討。（省令改正） △ 建築工事現場の表示において建築士事務所情報を記載する様式に改正することを検討（建築基準法施行規則改正） 建築基準法に基づく、建築工事現場における建築確認の表示の様式について、現行は設計者・工事監理者氏名のみ記載することにしていることから、建築士事務所の情報（建築士事務所名、一級・二級・木造の区分、建築士事務所番号）もあわせて記載するよう改正する。

＜建築主等への情報開示の充実等＞

提案事項	法令や他制度との関係に係る論点
1．建築士資格等の情報開示方法の充実 ☐ 資格確認等の利便性を高めるためインターネットにより所要の情報を開示する。 ＜現行制度＞ ☐ 建築士法に基づく建築士の登録情報について、登録機関において閲覧に供している。（法第6条、第10条の17） 　～登録事務実施主体～ 　　　　　　　（改正法施行前）　　　（改正法施行後） 　一級　　　　国土交通大臣　　　　指定登録機関 　　　　　　　　　　　　　　　　　（日本建築士会連合合会） 　二級・木造　都道府県知事　　　　知事または指定登録機関 　　　　　　　　　　　　　　　　　（都道府県建築士会） ＊改正法施行…平成20年11月28日	☐ 仮にインターネットで公表するとした場合、公表事項が多くなれば、建築士詐称を誘発することになりかねないことから、公表内容を限定することが必要。 ☐ 医師法、薬剤師法では、それぞれ医師、薬剤師情報についての公表規定があり、この規定に基づきインターネットで各資格者を公表しているが、公表事項は氏名、性別、登録年、処分情報（処分期間中のみ）に限定されている。
☐ 建築士に業務を依頼する者から請求があれば、当該建築士は本人確認が容易な顔写真付き免許証明書等を提示するよう努めなければならないものとする。 ＜現行制度＞ ☐ 現行の建築士法に基づき、建築士事務所の開設者は、設計・工事監理業務に係る契約を建築主と締結する場合、建築士により重要事項を説明させることとされている。その際、建築主に対して建築士免許証の提示を義務づけている。（法第24条の7） ☐ 従来はＡ4サイズの紙の免許証だったが、改正法施行（平成20年11月）の新規申請からカード型の免許証となった。従来の紙型の免許証も有効としている。希望すれば、カード型免許証への切替が可能。 国土交通大臣（一級）・都道府県知事（二級・木造）が登録を実施する場合は「免許証」、指定登録機関が登録事務を実施する場合は「免許証明書」となる。 （手数料（一級）：新規申請…19,200円／再交付・書き換え申請…5,900円）	☐ 努力義務であれば制度化は可能。 ☐ 努力義務を課すのであれば、紙の免許証・カード型の免許証（免許証明書）いずれでも可とする必要がある。

提案に対する基本的な考え方		制度的な方向性
政策的な効果に係る論点	関係者との調整が必要となる論点	
☐ 一級建築士の登録は国土交通大臣、二級・木造建築士の登録は都道府県知事の事務である。登録の事務については、指定登録機関が実施できることとされており、一級建築士の登録事務は指定登録機関（日本建築士会連合会）、二級・木造建築士は指定登録機関（都道府県建築士会）が実施しているところ、府県が直接実施しているところに分かれている。	☐ 二級・木造建築士の登録事務は都道府県が実施するが、事務負担・費用負担の点で理解を得ることが困難と考えられる。	※ 任意の制度として運用を先行させるべきではないか
☐ 登録情報の公表にあたっては、事務の増大や費用の発生を伴うため、都道府県からの反発が想定される。特に、登録事務を直接実施している府県の場合には、公表の事務も直接行うこととなり負担が大きい。	☐ 建築士情報の公表事務について、指定登録機関が事務負担・費用負担を含めて実施するとした場合、その費用は建築士登録手数料に転嫁せざるを得ず、建築士の反発・混乱が想定される。	
☐ また、指定登録機関が公表の事務を実施するとしても、公表に係る責任は都道府県が負うことになることから、このことに対する都道府県から懸念も想定される。	☐ この場合でも、指定登録機関を指定していない自治体は、自ら公表の事務を実施せざるをえないことから、制度導入に反対すると想定される。	
☐ 提案内容を実施しようとした場合に、制度の実施主体との調整やシステム構築の見通しを立てることが必要であり、これらには時間を要すると認識。		
☐ 建築士に免許証（免許証明書）の提示の努力義務を課すことは、消費者保護の観点から有効。	ー	● 法改正検討事項 携行義務を課さないことを前提として、建築士免許証（建築士免許証明書）（紙型・カード型いずれでも可）の提示の努力義務の規定を検討する。

提案事項	法令や他制度との関係に係る論点
2．建築士免許証明書の改善 ☐ 本人照合などを定期的に行い、常に最新の情報を建築士名簿に完備するため、免許証明書に有効期間（5年）を導入する。 ☐ 免許証明書の記載事項を追加し、消費者や保持者の利活用の利便性を高める。 ☐ 免許証及び免許証明書の有効期間付きの免許証明書への変更・統合を進める。 ＜現行制度＞ ☐ 現行の建築士法では、一級建築士の場合、国土交通大臣の行う一級建築士試験に合格し、国土交通大臣の免許を受けなければならないこととされている。また、免許は、一級建築士名簿への登録により行い、免許を与えたときは一級建築士免許証（登録機関が登録を実施する場合は免許証明書）を交付することとされている。免許証に有効期間はない。（法第4条、第5条、第10条の4、第10条の19）	☐ 免許証（免許証明書）に有効期間を設定し、更新しなければ建築士としての業務ができなくなることになれば、このことは実質的に免許の更新を導入することに近い。免許の更新制は、構造計算書偽装問題を背景とした建築士法改正にあたっての審議会での議論の対象になったが、更新制となっている資格は試験内容が身体検査を含むものに限られており、建築士制度に導入する必要性が高いとは認められないとして整理されている。 ☐ 前回の建築士法改正時に上記のように整理したにもかかわらず、更新制を導入する必要性が生じていることの立証が困難。 ☐ なお、免許証明書の記載事項の追加は、建築士法規則改正事項。（法施行規則第2号様式）
3．定期講習の見直し ☐ 建築関係法令の改正時期の間隔を勘案し、受講期間を延長する。（3→5年） ☐ 建築士会及び建築士事務所協会も登録講習機関となれるよう登録要件を見直す。 ＜現行制度＞ ☐ 現行の建築士法では、建築士事務所に所属する建築士に定期講習の受講が義務づけられており、受講間隔について法律で3～5年以内とされ、施行規則で3年とされている。（法第22条の2、施行規則第17条の36） ☐ 講習の実施は、国土交通大臣に登録した登録講習機関が実施することとされている。登録申請者の役員の2分の1超えが建築関連事業者等の場合は登録基準を満たさず、建築士会・建築士事務所協会は登録講習機関になり得ない。（法第10条の24）	☐ 定期講習の受講期間については、施行後の制度の運用状況等を検証して検討することが必要。延長が必要と判断されれば対応可能。（省令改正） ☐ 建築士の定期講習は、構造計算書偽装問題を背景とした平成18年建築士法改正により導入された制度であり、登録講習機関の登録基準は、「国からの指定等に基づき特定の事務・事業を実施する法人に係る規制の新設審査及び国の関与等の透明化・合理化のための基準」（平成18年8月15日閣議決定）等に沿って定められており、登録申請者の役員の2分の1超えが建築関連事業者等である場合は登録講習機関になることができない。この閣議決定の方針等が変更されない限り、提案内容の実現は困難である。
4．建築士免許証明書と定期講習の連動 ☐ 免許証明書の有効期間と定期講習の受講期間を同一の期間とし、免許証明書に定期講習受講の有無を明記することで、消費者や保持者の利活用に資する。 ＜現行制度＞ ☐ 建築士免許証（免許証明書）と定期講習については連動していない。 ☐ カード型の建築士免許証（免許証明書）には定期講習の受講履歴欄があり、建築士の希望に応じて、受講履歴を記載することができるようになっている。（旧式の紙型の免許証には受講履歴欄がない。）	☐ 定期講習受講義務違反について、免許の更新ができないこととすると、必ず免許取消の処分をすることに近い。定期講習受講義務違反についてだけ、特別に厳しいルールを置く必要性の説明は困難。 ☐ 定期講習受講の有無を免許証に記載することは、受講が法律上の義務である以上、受講しない場合もあることを前提に制度化すること（義務付けているのに受講しないことを法律で許容することになる）になり矛盾が生じる。

提案に対する基本的な考え方		制度的な方向性
政策的な効果に係る論点	関係者との調整が必要となる論点	
☐ 免許証（免許証明書）の有効期間設定は、建築士の負担が大きいことから、建築士の理解が得られず、反発・混乱を招く。 ☐ 仮に、新規の登録者のみの免許証（免許証明書）に有効期限を設定すると、新規登録者のみ免許証（免許証明書）の失効があることになり、公平性に欠ける。また、有効期限があるものとないものが混在し、消費者にとっても混乱を招く。 ☐ 記載事項の追加について、例えば住所欄を設ける場合、記載義務について厳格にする（記載内容が事実と異なる場合に処分対象にする等）と、建築士の反発・混乱を招く。	☐ 免許証（免許証明書）の有効期間設定は、建築士個人への影響を考慮することが必要。	× 免許明書の有効期間設定は制度的な対応は困難 ○ 免許証（免許証明書）の記載事項の追加は検討事項（省令改正）
－	－	○ 定期講習の受講期間変更は検討事項（省令改正） × 定期講習の実施機関要件は対応困難
☐ 定期講習を受講しなければ免許更新しなければならないこととすると、建築士の負担が大きいことから、建築士の理解が得られず、反発・混乱を招く。	☐ 定期講習受講と免許証（免許証明書）を連動させることについては、建築士個人への影響を考慮することが必要。	△ 法改正ではなく制度運用により対応 定期講習受講歴等の書き換え規定の明確化は法令改正検討事項 カード型の免許証（免許証明書）に定期講習の受講履歴の記載欄があることから、定期講習を受講した場合には免許証（免許証明書）に記載することが望ましいこと、またその際に必要に応じて顔写真の更新を行うことができることを技術的助言により周知することを検討する。 法令で、定期講習の受講履歴等の免許証（免許証明書）の記載事項の変更が可能である旨を規定することについては、検討事項である。

自由民主党建築設計議員連盟
第2回設計監理等適正化勉強会 次第

日　　時：平成26年2月12日(水)　12:00～13:00
場　　所：自民党本部7階701号室

■次 第
　司　　会：衆議院議員　自民党建築設計議員連盟設計監理等適正化勉強会事務局長
　　　　　　　　　　　　　　　　　　　　　　　　　　　　　　　　　　盛　山　正　仁
1．開　　会

2．座 長 挨 拶：衆議院議員　自民党建築設計議員連盟事務局長
　　　　　　　　設計監理等適正化勉強会座長　　　　　　　　　　　　　山　本　有　二

3．出席者紹介：(別紙参照)
　　　　　　　国会議員
　　　　　　　国土交通省　住宅局長　　　　　　　　　　　　　　　　　井　上　俊　之
　　　　　　　　　　　　　大臣官房審議官　　　　　　　　　　　　　　橋　本　公　博
　　　　　　　　　　　　　住宅局建築指導課長　　　　　　　　　　　　井　上　勝　徳
　　　　　　　　　　　　　建築指導課企画専門官　　　　　　　　　　　武　井　佐代里
　　　　　　　　　　　　　大臣官房官庁営繕部整備課長　　　　　　　　永　島　　　潮
　　　　　　　　　　　　　大臣官房官庁営繕部整備課営繕技術基準対策官　秋　月　聡二郎
　　　　　　　　一般社団法人日本建築士事務所協会連合会会長　　　　　三　栖　邦　博
　　　　　　　　一般社団法人日本建築士事務所協会連合会副会長
　　　　　　　　（日本建築士事務所政経研究会会長）　　　　　　　　　八　島　英　孝
オブザーバー　公益社団法人日本建築士会連合会会長　　　　　　　　　　三井所　清　典
オブザーバー　公益社団法人日本建築家協会会長　　　　　　　　　　　　芦　原　太　郎
ヒアリング団体　一般社団法人全国中小建築工事業団体連合会専務理事　　川　井　正　仁
ヒアリング団体　一般社団法人住宅生産団体連合会建築規制合理化委員会委員長　秋　山　一　美

4．議　　題：
(1)「建築物の設計・工事監理の業の適正化及び建築主等への情報開示の充実に関する共同提案」(建築設計三会共同提案)について
　①提案に係る現状の問題点と法改正の必要性
　　　一般社団法人日本建築士事務所協会連合会会長　　　　　　　　　三　栖　邦　博
　　　　　　　〃　　　　　　　副会長　　　　　　　　　　　　　　　八　島　英　孝
　②建築士資格に係る提案への対応　等
　　　公益社団法人日本建築士会連合会会長　　　　　　　　　　　　　三井所　清　典
(2)前回指摘事項に係る国土交通省からの説明
(3)建築設計三会共同提案に対する関係団体ヒアリング
　　　一般社団法人全国中小建築工事業団体連合会専務理事　　　　　　川　井　正　仁
　　　　　　　〃　　　　　　　　理事・新潟県連会長　　　　　　　　込　田　幸　吉
　　　一般社団法人住宅生産団体連合会専務理事　　　　　　　　　　　小　田　広　昭
　　　　　　　〃　　　　　　　建築規制合理化委員会委員長　　　　　秋　山　一　美
(4)意見交換
(5)今後の進め方

5．閉　　会

2014. 2. 12
(一社) 日本建築士事務所協会連合会
(公社) 日本建築士会連合会
(公社) 日本建築家協会

建築物の設計・工事監理の業の適正化のための建築士法の改正の必要性

業の適正化に係る7項目の要望のうち、特に必要性について議論のあった「書面による契約の義務化」「無登録業務の禁止の拡充」「一括再委託の禁止」に関し、法改正の必要性を整理した。

1. 現行制度の概要と問題点

（1）現行制度の概要
① 一定規模以上の建築物（例えば一般木造住宅の場合では延べ面積100 m²超の新築）の設計・工事監理業務（設計等）は建築士でなければすることはできない。
② 建築設計（建築確認申請を含む）・工事監理（設計図どおりに工事が行われているか確認すること）は、建築主の委託を受けて建築士が行う。

（2）建築士でなければ行うことができない設計等を業として行っている3つのタイプ

設計等の業のタイプ		建築士事務所登録	建築士法等の制限
（イ）	建築士が自ら業を行う	登録が必要	制限適用
（ロ）	建築士を使用した者が業を行う		
（ハ）	建築士を使用しない者が建築士事務所へ一括再委託(丸投げ)することで業を行う	登録をしていない	制限の適用外

（3）問題点
①タイプ(ハ)は実態として存在しているが、建築士事務所が行わなければならない次のルールが適用されない→（建築士法の無登録業務の禁止の規定の明確化が必要）
　[1]建築主に対する契約前の「**重要事項説明**」　　（→標準様式は別紙参考資料 p.9参照）
　[2]建築主に対する契約後の「**書面の交付**」
　[3]建築士事務所以外への設計・工事監理業務の「**再委託の制限**」　等
②タイプ(イ)(ロ)についても、**一括再委託や口頭による契約等により契約責任が不明確**なまま業務が実施される場合があり、これらがトラブルの原因の一つになっている。

> 現行の建築士法では設計・工事監理の業や契約等に関する規定が十分でなく、無登録業務の存在や契約責任が不明確なことにより、建築訴訟やトラブル等が多く、長期化し、消費者の保護や業の健全な育成が図られているとは言えない。

2. 建築関係訴訟の実態　　最高裁の「裁判の迅速化に係る検証に関する報告書」より

（1）建築関係訴訟の概況　（平成23年・第4回報告書より）
① 近年の**新受件数**は全国で毎年2200件から2500件で推移しており、**減少していない**。
　（注：瑕疵の原因のうち、設計と工事監理＝24％、施工＝69％［以上、東京地裁］、設計と工事監理＝22％、施工＝75％［以上、大阪地裁］→平成15年最高裁、「建築関係訴訟委員会・中間取りまとめ」より）
② 近年の**平均審理期間は15月超**で推移しており、H22年では17.5月。
③ 瑕疵主張のある建築関係訴訟の平均審理期間は24.9月　→　民事第一審訴訟(過払金等以外)**全体の平均期間の3倍**
④ 瑕疵主張のある**設計分野の平均審理期間**は29.5月で施工等の分野に比べ**長期化**等の傾向が強い。

（2）契約書なしが建築関係訴訟の長期化要因
（平成21・第3回報告書、平成15建築関係訴訟委員会中間取りまとめより）
① 建築紛争事件において、**東京地裁：54％、大阪地裁：40％の事件で契約書が存在しない**。
② 施工については全く契約書が存在しないという事例はそれほど多く見られないのに比べ、設計については契約書を取り交わしていない場合が相当数あり、監理については契約書が全く存在しない場合がかなり存在する。
③ 契約書が無く両者の権利関係等を確定する資料が不十分であることが、紛争が生じやすい原因の一つ、契約内容を証明する証拠がないため、紛争を複雑化しやすくしている。

最高裁報告による提起　（平成23年・第4回報告書より）
建築関係訴訟に特有の長期化要因に関する施策の第一に、契約書等の当事者間の**合意内容を証する書面の作成**に向けた業界慣行の改善について、行政手続きにおける規制のあり方の検討も含めて提起。

3. 建築士事務所の設計・工事監理契約の実態　　H23日事連・会員事務所へのアンケートより

（1）契約書の有無等（民間建築主からの業務委託契約）　（有効回答数522社）

契約の様態	専業事務所		兼業事務所	
重要事項説明と書面の交付のみ（契約書無し）	5.4 %	13.6%	9.5 %	19.8%
契約らしい行為は無い（口頭による依頼）	8.2 %		10.3 %	

① 建築士事務所側から書面による契約を求めても**建築主側が契約に応じない場合がある**。
　→　（民間では委託者の立場が強く、受託側の**建築士事務所の立場が弱い**ことが多い。）
② 建設業との兼業事務所（設計施工一貫）では、工事請負契約書は取交されるが、**設計・工事監理契約の内容が含まれていないことが多い**。
③ 長い間、口約束で済ませてきた**契約慣行は根強く、法令による規定がないと改善が進まない**のが実情。

4. 無契約や無登録等による設計・工事監理をめぐるトラブル事例

(→詳細は、別紙参考資料 p．8を参照)

① 建築士事務所は口頭で病院増築の設計の依頼を受け、設計報酬額を記載した契約書の案を示して基本設計プランを固めるところまで進めたが、契約には至らず基本設計料支払の額をめぐってトラブルとなった事例→［無契約、報酬トラブル］

② 建築主の口頭の依頼により、建築士事務所が企画から実施設計業務まで進めたが、建築主が書面による設計契約に応じてくれないまま、建築確認申請の直前で建設事業が中止になり、設計報酬の支払をめぐる紛争となった事例。→［無契約、契約の拒否、報酬未払］

③ 無登録のデザイン事務所と改修工事の設計工事監理契約を締結したが、施工不能な設計図面しか作成されなかった事例。→［無登録、業務の瑕疵、債務不履行］

④ 無登録の設計業者と設計工事監理契約を締結し、他の建築士の名義で建築確認申請と工事監理を行ったが、工事完成後に工事監理の瑕疵で名義貸しの建築士と損害賠償の紛争になった事例。→［無登録、名義貸し、業務の瑕疵］

⑤ 無登録と知らず設計・工事監理契約を締結し、設計は他の建築士事務所が関与したが、工事監理は無登録の者が行い監理の過失による不法行為で慰謝料請求の紛争になった事例 →［無登録、監理の過失、不法行為］

5. 設計・工事監理の業の適正化のための建築士法改正の必要性（結語）

（1）設計・工事監理の書面による契約について
①建築関係紛争の防止のためには契約書の作成が建築界に強く求められている。
②設計、工事監理について厳しい義務が課せられている建築士が責任を持って業務ができるよう、建築主と建築士事務所が直接書面で契約することが必要である。
③現行法では、契約の前後の重要事項説明や書面の交付の制度があるが、契約そのものが義務化されていないため書面の交付もなされない場合がある。このため書面の交付に代えて書面による契約を義務化する必要がある。（→契約当事者の保護）

（2）無登録業務の禁止について
④事務所登録が無い者が設計等の業を行っている実態が少なからずあるが、建築士事務所に課している義務（重要事項説明、書面の交付、再委託の制限など）が適用されずトラブルの原因になっている。無登録の業に対する法的解釈を明確にし、徹底するため、わかりやすい規定に改める必要がある。

（3）一括再委託の禁止について
⑤一括再委託の禁止は、「共同住宅その他の多数のものが利用する建築物」について現行士法で禁止されているが、政令で「一定規模以上の共同住宅」に限定されている。一括再委託は、業務の質の低下を招き、責任の所在が不明確なため結果的に建築主等の不利益になるので、全ての建築物を対象とする規定に改める必要がある。

特に重要なこれらの改正により、以下の実現が図られる。
（1）設計・工事監理の業の適正化、健全な育成　　（2）建築主の利益の保護

参 考 資 料

建築物の設計・工事監理の業の適正化のための

建築士法の改正の必要性についての参考資料

●資料1　最高裁・裁判の迅速化に係る検証に関する報告書での建築関係
　　　　訴訟にかかわる指摘について

（1）最高裁・裁判の迅速化に係る検証に関する報告書（第4回）よりの
　　　要約抜粋・・・・・・・・・・・・・・・・・・・・・・・・・・・資料 p.1

（2）最高裁・裁判の迅速化に係る検証に関する報告書（第3回）よりの
　　　要約抜粋・・・・・・・・・・・・・・・・・・・・・・・・・・・資料 p.3

（3）最高裁・建築関係訴訟委員会の中間取りまとめ・答申における指摘・・・・・・資料 p.4

●資料2　設計・工事監理業務の書面契約の有無等・・・・・・・・・・資料 p.6
　　　　　（日事連会員アンケート）

●資料3　無契約や無登録による設計・工事監理をめぐるトラブル事例・・資料 p.8

●資料4　重要事項説明書（記載例）・・・・・・・・・・・・・・・・資料 p.9

●資料5　建築物ができるまでのフロー・・・・・・・・・・・・・・・資料 p.11

資料1

最高裁・裁判の迅速化に係る検証に関する報告書での建築関係訴訟にかかわる指摘について

日事連　まとめ

裁判の迅速化に関する法律により、最高裁では裁判の迅速化に係る検証を行い、その結果を2年ごとに公表している。このなかで医療関係訴訟、建築関係訴訟といった一般に事件が長期化しがちといわれている個別事件類型についても、特有の長期化要因を分析・検討し、裁判の適正・充実・迅速化を推進するために必要な施策を提言している。

(1) 最高裁・裁判の迅速化に係る検証に関する報告書（第4回）（平成23年7月8日公表）よりの要約抜粋

○建築関係訴訟の概況（報告書・概況編 p.6）

- 平均審理期間は、平成17年以降長期化傾向にあり、平成20年に短縮化したが、平成22年は17.5と再び平成20年を上回った。
- 審理が長期化しがちな類型である瑕疵主張のある建築関係訴訟の概況をみると、民事第一審訴訟（過払い金以外）と比較して、平均24.9月と長い。

【図102】個別の事件類型における新受件数　報告書　資料編 p.182　　報告書 概要 p.10

【図21】平均審理期間の推移（建築関係訴訟）

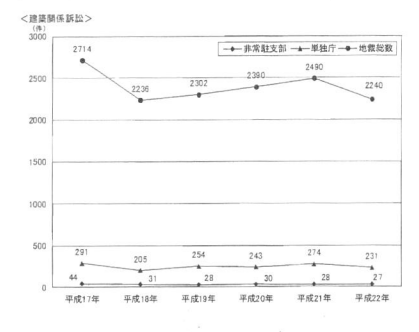

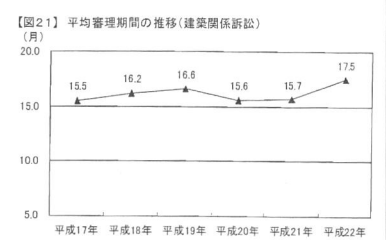

年	平均審理期間（月）
平成17年	15.5
平成18年	16.2
平成19年	16.6
平成20年	15.6
平成21年	15.7
平成22年	17.5

建築関係訴訟 新受件数:
年	非常駐支部	単独庁	地裁総数
平成17年	44	291	2714
平成18年	31	205	2236
平成19年	28	254	2302
平成20年	30	243	2390
平成21年	28	274	2490
平成22年	27	231	2240

【図1】平均審理期間（建築関係訴訟及び民事第一審訴訟）　報告書　概況編 p.72

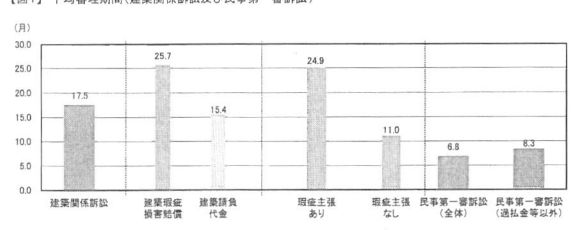

区分	月
建築関係訴訟	17.5
建築瑕疵損害賠償	25.7
建築請負代金	15.4
瑕疵主張あり	24.9
瑕疵主張なし	11.0
民事第一審訴訟（全体）	6.8
民事第一審訴訟（過払金等以外）	8.3

195

【瑕疵主張のある建築関係訴訟の概況】（報告書　概況編 p.75〜77）

【表8】人証調べ実施率及び平均人証数（建築関係訴訟及び民事第一審訴訟）

事件の種類	建築瑕疵損害賠償	建築請負代金	瑕疵主張あり	瑕疵主張なし	民事第一審訴訟（全体）	民事第一審訴訟（過払金等以外）
人証調べ実施率	36.3%	28.8%	35.8%	25.5%	10.3%	18.7%
平均人証数	1.3	0.9	1.2	0.7	0.3	0.5
平均人証数（人証調べ実施事件）	3.5	3.0	3.4	2.8	2.8	2.7

【図11】瑕疵の分野別の平均審理期間（建築関係訴訟）
（月）：設計 29.5、監理 22.5、施工 24.5、その他 23.7

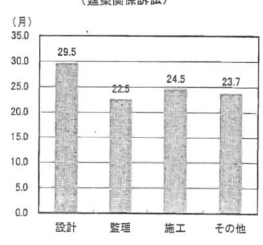

【図12】瑕疵の分野別の平均人証数（建築関係訴訟）
（人）：設計 1.6、監理 1.4、施工 1.2、その他 1.5

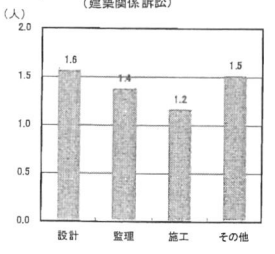

【図13】瑕疵の分野別の鑑定実施率（建築関係訴訟）
（%）：設計 8.5（11件）、監理 6.3（2件）、施工 4.1（42件）、その他 4.1（2件）

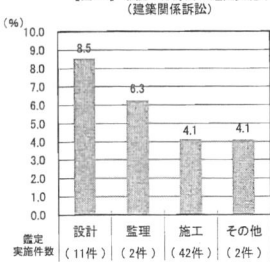

〇建築関係訴訟に特有の長期化要因に関する施策（報告書・施策編 p.13）
（１）合意内容の書面化に向けた業界慣行の改善
　　　以下（２）〜（６）は略

〇契約書等の書面作成に関する業界慣行の改善（報告書・施策編 p.51）

（１）第３回報告書において指摘された**長期化要因**・・裁判官及び弁護士ヒアリング
　　客観的な証拠が不足する場合多い。
　　　・契約書等、合意を証する書面等が存在しない場合がある
　　　・複数の業者が関与する場合に、責任の範囲を明確にする書面がない場合がある
　　　　　　　　　　　　↓
　　　　合意の有無やその内容を証する客観的な証拠が不足する場合には
　　　　多くの関係者を人証として取り調べたり、間接的な事情に基づく
　　　　立証をしたりするため審理に時間がかかる。

（２）検証検討会における委員の意見
　　　・契約書等の当事者間の合意内容等を証する書面類の作成を義務づけできないか。
　　　・書面の交付では不十分。確認申請や建築工事届に契約書の添付を義務づけるなど行政手続きにおいて新たな仕組みを設けることを検討する必要がある。
　　　・契約書、見積書、設計図書等が作成されないという業界慣行をさらに改善する必要がある。　　　　　　　　・・・・・・・・・・・・・・・など。

（３）考えられる施策の検討
　　　合意内容の書面化に向けた業界慣行の改善について行政手続きにおける規制のあり方も含めて検討。

（2）最高裁・裁判の迅速化に係る検証に関する報告書（第3回）（平成21年7月10日公表）よりの要約抜粋

○契約書等の作成に関する現状（報告書・分析編 p.63）
　裁判官ヒアリングでは、契約書、追加工事か手直しかに関する合意を証する書面等が**存在しない場合がある**、複数の業者が関与する場合に、**責任の範囲を明確にする書面が****ない場合がある**と指摘された。また弁護士ヒアリングでも、契約書等の書類が存在しない場合についての指摘がある。

　　建築関係訴訟委員会の中間取りまとめ（平成１５年６月に発表）

　　●東京地裁
　　契約書がない事件　５４％
　　見積書がない事件　５４％
　　設計図書がない事件　７３％

　　●大阪地裁
　　契約書がない事件　４０％
　　見積書がない事件　６４％
　　設計図書がない事件　８２％

　以上は、**若干古いデータであるが**、その後もこの状況に改善の様子は見られない。大手ゼネコンが数十億円規模の契約を締結する際にも契約書が作成されなかったり、設計図書等が添付されていなかったり、また追加工事についても契約書や発注書等の書面が作成されない例が存在するとの指摘があった。

○客観的証拠の不足と審理期間の長期化

　建築関係訴訟では、客観的証拠の不足が不足する場合が多く、多くの関係者を人証として取り調べたり、間接的な事情に基づく立証をしたりするため、審理に時間を要すると考えられる。

・合意の有無やその内容を証する客観的証拠が存在しない場合には、関係者の証言や当事者間の交渉経過等の間接的な事情に基づく主張や立証を行うことになる。
　→証言の対立、間接的な事情を示す証拠の整理などが必要、**紛争が複雑、長期化。**

・契約書等の客観的証拠が不足する場合、**口頭でのやり取り等**について関係者の証言によって立証する場合が多くなり、**人証調べ実施率や人証数が増える。**

(3) 最高裁・建築関係訴訟委員会の中間取りまとめ・答申における指摘

○建築関係訴訟委員会中間取りまとめ（平成１５年６月）　要約抜粋

《建築界と法曹界の相互理解の必要性》(第2・1)
・近年の建築瑕疵に対する社会的関心の高まりから、関係者や一般市民からも建築紛争が注目されるようになり、建築紛争事件が増加していくことが予想され、紛争を合理的期間内に解決することへの期待が高まっている。

《建築紛争に関する客観的データについて》(第3・1)
・瑕疵の原因・・東京地裁　　施工 69%、設計及び工事監理 24%
　　　　　　　　大阪地裁　　施工 75%、設計及び工事監理 22%

《契約書の現状について》(第3・3)
・建築関係紛争事件において、契約書が存在しない割合が、東京地裁で５４％、大阪地裁で４０％である。

●東京地裁
契約書がない事件　５４％
見積書がない事件　５４％
設計図書がない事件　７３％

●大阪地裁
契約書がない事件　４０％
見積書がない事件　６４％
設計図書がない事件　８２％

・設計・・**設計契約においては、契約書を取り交わすことなく設計図書を作成している場合が相当数の事案で見受けられる。** その場合、契約内容の認定を設計図書の完成度や当事者間の交渉内容等の間接的な諸事情のみに基づいて行うことになる。
・施工・・施主が融資を受けるに際して金融機関から契約書の提出を求められることが一般的であることから、**契約書が全く存在しないという事例はそれほど多く見受けられない。**
・監理・・設計契約と同時に契約内容が定められることが多いが、設計契約において契約書が作成されていないことが多い現状では、**監理契約についても契約書が全く存在しない場合がかなり存在する。**

《契約書の在り方について》(第3・4)
建築に関する紛争の早期解決及び紛争の防止のためには、建築契約における契約書の作成の重要性を訴えていく必要がある。

《紛争と解決と予防について》(第3・6)
建築技術者からの十分な説明と**契約関係の書面化の励行**は、建築紛争の予防にも資するものであるが、仮に建築紛争が生じた場合にも、十分な証拠が得られ、審理の見通し等が格段に付けやすくなり、適正かつ合理的期間内の紛争解決の実現が図られると考えられる。

＊建築関係訴訟委員会・・建築紛争事件の運営に関する共通的な事項を調査審議し、最高裁に意見を述べることを目的として設置。

○建築関係訴訟委員会答申（平成１７年６月）　要約抜粋

《建築紛争の原因等》
・建築契約は、設計段階では完成物が存在しないため、注文者のイメージと建築専門家とのそれにとにくい違いが生じやすい。
・建築紛争事件においては、**契約書が存在しない場合が相当高く、**仮に契約書が存在した場合でも、その記載が簡略すぎたり、必要な取り決めを欠いていたり、さらには施工に要する図面等の書類が存在しないという場合も少なくない。
・両者間の権利関係等を確定するための資料が不十分であることが、建築関係をめぐり紛争が生じやすいことの原因の一つであり、**契約内容を証明する重要な決め手となる証拠がないため、その紛争自体が複雑化しやすい。**

《建築紛争の解決・予防のための方策》
ア　適正な内容の契約書の普及等
　・契約書面（契約書・設計図書その他の関係書類）**作成の重要性が、建築関係者の間で十分に認識されることが必要。**
　・契約時点での両者の合意内容が適切に盛り込まれた契約内容であることが必要。
イ　注文者に対する十分な説明
ウ　建築専門家の職業倫理の普及、啓発等

建築紛争の防止及び紛争の早期解決のためには、・・（中略）・・建築関係者の注文者に対する十分な説明及び**適正な内容の契約書面の作成という健全な実務慣行の普及**が欠かせない。・・・（後略）

> 資料２

設計・工事監理業務の書面契約の有無等

日事連・会員事務所アンケート（平成23.2～5月）（有効回答数５２２事務所）

○過去５年間における民間の建築主から委託された設計・工事監理等業務の契約の締結時期

■専業事務所（総契約件数・・２５，７６２件）

1 業務着手時（企画業務又は設計業務）に書面で契約	2 企画業務実施中又は完了時に書面で契約	3 基本設計中又は完了時に書面で契約	4 実施設計中又は完了時に書面で契約	5 確認申請完了時に書面で契約
7,554 (29.3%)	4,222 (16.4%)	5,414 (21.0%)	3,160 (12.3%)	1,322 (5.1%)

6 工事監理業務中又は完了時に書面で契約	7 書面による契約は行わず、重要事項説明と書面の交付のみ	8 その他（契約らしい行為は何も行わなかった）		
593 (2.3%)	1,379 (5.4%)	2,118 (8.2%)		

＊業務着手時に書面で契約が最も多く約３０％であるが、書面による契約をかわさない件数も７と８をあわせて約１４％弱となっている。

■兼業事務所（総契約件数・・３，６４０件）

1 設計業務着手時に書面で契約	2 設計中から工事請負契約前の間に書面で契約	3 着工前に工事請負契約書に含める形で契約	4 書面による設計・工事監理契約は行わず重要事項説明と書面の交付のみ	5 その他（設計・工事監理契約らしい行為は何も行わなかった）
439 (12.3%)	804 (22.1%)	1,677 (46.1%)	344 (9.5%)	376 (10.3%)

＊着工前に工事請負契約書に含める形で契約が最も多く約５０％である。書面による設計・工事監理契約をかわさない件数は４と５を合わせて約２０％となっている。

建築士事務所及び建築士事務所以外からの再委託の状況

日事連・会員事務所アンケート（平成23.2～5月）（有効回答数522事務所）

■過去5年間の受託契約総数に占める再委託業務契約件数の割合

受託契約総数（A）	再委託業務契約件数（B）	再委託業務の割合（A）／（B）　%
56,931	13,531	23.8

■再委託業務（13,531件）（B）の発注者の割合

建築士事務所からの再委託（C）	建築士事務所以外からの再委託（D）
11,267 (83.3%)	2,264 (16.7%)

■建築士事務所からの再委託（11,267件）（C）の発注者の内訳

a 専業の建築士事務所	b 設計施工等の兼業建築士事務所	c 住宅系事業者	d 企画コンサル系事業者	d その他の事業者
5,791 (51.4%)	3,154 (28.0%)	1,958 (17.4%)	214 (1.9%)	163 (1.4%)

■建築士事務所以外からの再委託（2,264件）（D）の発注者の内訳

a 専業の建築士事務所	b 設計施工等の兼業建築士事務所	c 住宅系事業者	d 企画コンサル系事業者	d その他の事業者
―	―	1,614 (71.3%)	125 (5.5%)	509 (22.5%)

＊b設計施工等の兼業の建築士事務所→c，d，eを除いた兼業の建築士事務所
＊c住宅系事業者→ハウスメーカー、住宅中心の工務店

資料3

無契約や無登録による設計・工事監理をめぐるトラブル事例

	顕在化したトラブル事例　　無契約や無登録で契約責任が不明確なトラブル例	
①	建築主Aは建築士事務所Bに口頭で病院増築の設計を依頼（平成21年9月）。Bは基本設計を進めたが基本設計プランが固まった段階でAは設計依頼を断った。Bからは契約書の案や設計金額が提示されていたが契約には至っていなかった。Bからの請求金額がAの思いをオーバーしていて建築主Aからの相談となった。 →設計契約がなされていなかったこと、口頭合意されていた金額に対して業務範囲が明確にされていなかったことが原因。 （平成22年相談事例）	・無契約 ・報酬トラブル
②	H15 ホテルの改修・増築の話があり、建築主Aの口頭の依頼により建築士事務所BはAと協議を重ね、企画から実施設計まで行った。この間、設計料見積書を提出し、契約の締結をお願いしてきたが、H19 銀行と調整中とのことで契約は延期された。確認申請提出の1か月前までに看板設置の必要があり建築主Aに了解を求めたところ、融資が決定していないので設置はできないと回答があった。業務をストップし、基本設計分の支払をお願いするも返答がないため、建築士事務所BはH20に支払を求める訴訟を提起した。 平成22年3月、契約書がとりかわされていないことから請求棄却。最高裁に上告するも敗訴。　（宇都宮地裁訴訟事例）	・無契約 ・契約拒否 ・報酬未払い
③	建築主Aは無登録のデザイン事務所Bに建物の改修工事の設計工事監理契約を締結したが、施工できない図面しか作成されず、工事発注ができなかった事例。　（平成20年相談事例）	・無登録 ・業務の瑕疵 ・債務不履行
④	建築主Aは無資格・無登録で設計工事監理の業を行っているBと設計監理契約を締結し、Bが建築士資格がないため建築主Aの承諾のもと建築士Cの名義で建築確認申請と工事監理を行ったが、工事完成後に設計および施工の瑕疵についてAが名義貸しをした建築士C（Aとは契約関係なし）に対して損害賠償を求めた事例。 契約：平成20年5月、平成23年1月：名義貸しを理由に不法行為責任を問うことはできないとして請求棄却の判決。 （東京地裁訴訟事例）	・無登録 ・業務の瑕疵 ・名義貸し
⑤	建築主Aと設計・工事監理契約を締結した相手業者Bは無登録であったため設計は他の建築士事務所が関与したが工事監理は無登録の相手業者Bが行い、監理に過失があって被害を受けたため不法行為に基づく慰謝料請求の紛争になった事例。 契約：平成4年11月　平成17年2月：慰謝料認定 （東京地裁訴訟事例）	・無登録 ・監理の過失 ・不法行為

資料4

重 要 事 項 説 明 書

記載例

平成２１年９月１日

　　住 屋 建 夫　　様

　本重要事項説明は、建築士法第24条の7に基づき、設計受託契約又は工事監理受託契約に先立って、あらかじめ契約の内容及びその履行に関する事項を説明するものです。本説明内容は最終的な契約内容とは必ずしも同一になるとは限りません。

受託業務名称 ： 住屋邸新築工事設計・工事監理業務

```
建築士事務所の名称 ：○○建太一級建築士事務所
建築士事務所の所在地 ：○○県○○市△町○－▲－×
開 設 者 氏 名 ：○○建太
　（法人の場合は開設者の名称及び代表者氏名）
```

１．対象となる建築物の概要
```
建 設 予 定 地 ： ○○県○○市△○町×－○－●
主 要 用 途 ： 専用住宅
工 事 種 別 ： 新築
規 模 等 ： 木造2階建 約165㎡
```

２．作成する設計図書の種類（設計契約受託の場合）
案内図、配置図、求積図、仕上げ表、平面図、立面図、断面図、基礎伏図、その他建築確認申請図書一式

３．工事と設計図書との照合の方法及び工事監理の実施の状況に関する報告の方法
　　　（工事監理契約受託の場合）
```
①工事と設計図書との照合の方法：
請負業者からの施工報告及びサンプリングによる現場立会検査により照合します。
サンプリングによる現場立会検査は期間中5回程度行います。
②工事監理の実施の状況に関する報告の方法：
文書による工事監理報告書を月ごとに提出します。また、工事監理完了後に建築士法に基づいて法定様式による工事監理報告書を提出します。
```

４．設計又は工事監理の一部を委託する場合の計画
```
①設計又は工事監理の一部を委託する予定 ： ☑あり　　□なし
②委託する業務の概要及び委託先（ありの場合の計画）
　委託する業務の概要 ：設備設計
　建築士事務所の名称 ：一級建築士事務所 ㈱×●設備研究所
　建築士事務所の所在地 ：○○県○○市1－×－○、××ビル
　開 設 者 氏 名 ：㈱×●設備研究所 代表取締役 ×× 建夫
　（法人の場合は開設者の名称及び代表者氏名）
```

(四会推奨) 重要事項説明書様式 02

記載例

5. 設計又は工事監理に従事することとなる建築士・建築設備士

①設計業務に従事することとなる建築士・建築設備士	②工事監理業務に従事することとなる建築士・建築設備士
【氏名】：○○建太 【資格】(一級)建築士【登録番号】(○○○○○)	【氏名】：○○建太 【資格】(一級)建築士【登録番号】(○○○○○)
【氏名】： 【資格】(　)建築士【登録番号】(　　　)	【氏名】： 【資格】(　)建築士【登録番号】(　　　)
(建築設備の設計に関し意見を聴く者) 【氏名】：該当なし 【資格】建築設備士	(建築設備の工事監理に関し意見を聴く者) 【氏名】：該当なし 【資格】建築設備士

＊ 設計に従事することとなる建築士が構造設計一級建築士又は設備設計一級建築士である場合にはその旨の記載が必要です。

6．報酬の額及び支払の時期

①報酬の額：　〇,〇〇〇,〇〇〇 .- 円　(見積金額、消費税込)
　　　　　　(＊ただし、実額を記入してください)
別紙見積書を添付。上記金額には、建築確認申請手数料(納付金)は含まれていません。

②支払の時期：　設計着手時(20%)、実施設計完了時(50%)、躯体工事完了時(15%)、工事監理完了時(15%)の4回払いとなります。

7．契約の解除に関する事項

建築主は、正当と認められる事由があるときに限り、建築士事務所が本件業務を完了する以前において、書面をもって通知して、本件業務について契約の解除をすることができます。かかる場合において本件業務に関する成果品及びその対価の取扱いについては、出来高払いを基本として協議のうえ定めるものとします。

(説明をする建築士)

氏　名：○○建太　㊞

資格等：(一級)建築士、☑管理建築士、□所属する建築士

上記の建築士から建築士免許証(免許証明書)の提示のもと重要事項の説明を受け、重要事項説明書を受領しました。

平成21年9月1日

(説明を受けた建築主)

住　所：○○県○○市△○町3-○-×-303

氏　名：住屋建夫　㊞

(四会推奨) 重要事項説明書様式02

資料5

●建築物ができるまでのフロー

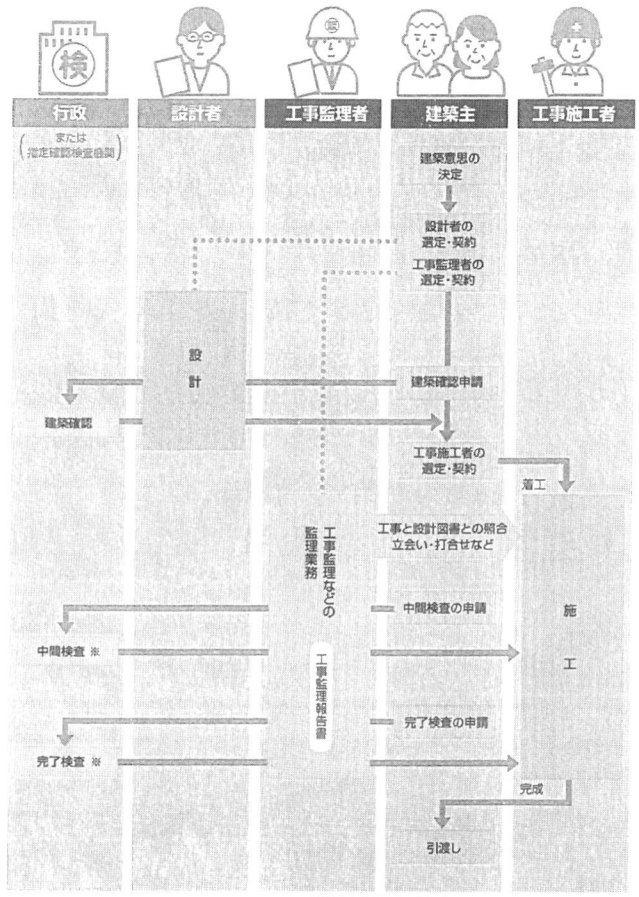

行政	設計者	工事監理者	建築主	工事施工者
または（指定確認検査機関）				

建築主の流れ：
- 建築意思の決定
- 設計者の選定・契約
- 工事監理者の選定・契約
- 建築確認申請
- 工事施工者の選定・契約
- 工事と設計図書との照合 立会い・打合せなど
- 中間検査の申請
- 完了検査の申請
- 完成
- 引渡し

行政：
- 建築確認
- 中間検査 ※
- 完了検査 ※

設計者：設計

工事監理者：工事監理などの監理業務／工事監理報告書

工事施工者：着工 → 施工 → 完成

※ 中間検査や完了検査の申請時には、工事監理の状況報告が必要です

* 「工事監理ガイドラインパンフレット」より。
（平成21年9月・新・建築士制度普及協会発行）
「工事監理者とは」の注は日弁連で付け加えました。

工事監理者とは
工事監理者は、設計図書のとおりに工事が行われているかを確認します。
一定の建築物の工事監理は建築士が行います。

205

第2回自民党建築設計議員連盟「設計監理等適正化勉強会」提出資料
建築主等の情報開示の充実等に係る制度の見直しについて

1．はじめに
　去る12月6日開催の自民党建築設計議員連盟の総会及び1月22日開催の同議員連盟の第1回「設計監理等適正化勉強会」での議員、国土交通省担当官のご意見等を踏まえ、以下の課題等について、三会の共同提案として、改めて提出する。

2．現状と課題
（1）建築士から建築主等への免許証の提示
＜現状＞
- 設計・工事監理の契約前に行う重要事項説明の際に、建築士は建築主に対して免許証を提示しなければならない。（建築士法第24条の7）
- 免許証には、氏名、生年月日、登録番号、登録年月日が記載されている。また、カード型免許証（免許証明書）には、これらに加え、顔写真が印刷され、定期講習受講履歴欄が設けられている。

＜課題＞
- 免許証の提示義務は、設計・工事監理に係る重要事項説明時に限定されており、建築物に関する調査等のその他の業務時の提示は義務づけられていない。
- カード型免許証の普及が十分ではないことに加え、カード型免許証であっても定期講習受講歴の記載の手続きが定められていないことから、カード型免許証に受講歴が記載されていない場合が多い。
　＊一級建築士約35万人のうち約5万人がカード型免許証を所有

（2）建築主等による建築士資格情報の確認
＜現状＞
- 免許証の登録主体により、登録情報を閲覧に供している。（建築士法第6条、第10条の17）
- 登録主体により、一般からの電話での問い合わせによる照会に対応している。（任意の仕組み／資格の有無のみ）

＜課題＞
- インターネットの普及により、閲覧や電話による照会対応だけではなく、インターネットによる資格確認に対するニーズがある。

（3）定期講習制度の合理化
＜現状＞
- 建築士定期講習は、3年毎に受講することが義務づけられている。（建築士法第22条の2／施行規則第17条の36）
- 日本建築士会連合会及び日本建築士事務所協会連合会は、建築士等に対する研修を責務とする法定団体であるにもかかわらず、定期講習実施機関の登録基準の一部に適合しないため、登録講習機関になれない。（建築士法第10条の24）

＜課題＞
- 定期講習の受講頻度について、建築関係法令の改正の頻度等を踏まえ、3年から5年に延長すべきである。
- 両団体が適合しない登録基準（「団体の代表者が建築関連事業者であれば登録講習機関になれない」）は、平成18年8月15日の閣議決定の指針等に基づき規定されたとされる。登録基準としては、同閣議決定本文に明記された基準（業界の関係者の合計が、法人の役員現在数の2分の1を上回らないこと）に適合していることで十分であり、両団体が適合しない登録規準は同閣議決定の本文に明記されたものでなく、見直すべきである。

3．課題への対応
（1）建築士による免許証提示
- 建築士は、法第3条及び法第21条に規定する業務を依頼する者等から請求があった場合には、免許証を提示しなければならないものとする。（但し、携行義務は課さない法改正）

（2）カード型免許証の書き換え規定の明確化等
- カード型免許証の記載事項に変更があった場合の書き換えに係る手続きを法令で規定し、定期講習を受講した場合、顔写真の更新を希望する場合などに書き換えができるようにする。（法改正）
- なお、運用に当たっては、定期講習受講時に書き換え申請書、住所・勤務先の変更の届出を提出してもらうなど、円滑に書き換え・届出が進むよう配慮する。（運用）
- カード型免許証の記載事項を追加する。（法令改正）

(3) インターネットでの建築士情報の提供
- インターネットによる資格情報の開示については、開示情報の内容や事務・費用負担等の課題について関係主体での調整に時間を要することから、当面は、日本建築士会連合会及び都道府県建築士会によりシステムを構築・運用する。(任意のシステム)
- システム運用にあたっては、希望者を掲載対象とし、定期講習受講時に建築士に対して掲載希望を確認する等の対応を行う。(運用)

(4) 定期講習の見直し
- 定期講習制度開始から5年が経過していることから、定期講習で受講すべき情報・制度の変更頻度等を踏まえ、受講間隔を3年から5年に変更する。(省令改正)
- 「団体の代表者が建築関連事業者であれば、登録講習機関になれない」とする現行の登録基準を見直すことについて、最大限の努力をお願いする。(法改正)

(参考) 建築士免許証の比較

	紙型	カード型
対象	・改正建築士法施行日（平成20年11月28日）以前の建築士	・改正建築士法施行日以降の建築士 ・紙型の免許証保有者であっても、任意でカード型免許証に切り替えることは可能
記載事項	・氏名、生年月日、登録番号、登録年月日、本籍	・氏名、生年月日、登録番号、登録年月日 ・顔写真を印刷 ・定期講習受講歴欄がある

※免許証の書き換えについて、氏名に変更があった場合の手続きの規定はあるが、定期講習受講歴欄の書き換え、顔写真の変更の手続きの規定はない。

建築士・建築士事務所の処分について

【現 状】

1．一級建築士の処分（国土交通大臣）
- ①処分基準の策定
  - ・建築士法に基づく中央建築士審議会での審議
  - ・パブリックコメントの実施
- ②個々の処分
  - ・処分基準へのあてはめ
  - ・処分基準に照らして処分理由を具体的に明示
  - ・中央建築士審査会の同意

2．建築士事務所の処分（都道府県知事）
　管理建築士が処分された場合には、管理建築士の処分と同内容の処分が建築士事務所に対して行われる。
　例）管理建築士業務停止３ヶ月→建築士事務所閉鎖３ヶ月

3．建築士の処分の増加
　構造計算書偽装問題の後、特定行政庁に対する通報の増加、民間確認検査機関が審査した確認申請図書の特定行政庁によるチェックの強化等を背景として、建築士による設計ミス等の事案を原因とする建築士の処分が増加。ただし、他の資格者と比べて処分割合が高いわけではない。

【建築士等の処分に関する関係者の意見等】

1．関係団体等の意見
- ・行為の悪質さと処分の内容とのバランスが悪いのではないかとの指摘。
- ・管理建築士と建築士事務所の処分内容が一律に連動するのは不合理との指摘。

2．消費者等の意見
- ・構造計算書偽装問題の後、処分を厳格にすべきとの指摘。
- ・処分基準を緩和することについては、消費者団体、法曹界、報道関係者等の理解が困難。

　処分基準等の変更にあたっては、中央建築士審査会・パブリックコメント等の手続きを経て、各方面からの意見を十分踏まえることが必要

【課 題】

1. 建築士の処分にあたっては、違反の事実のみを考慮するのではなく、個別の事情を勘案することが必要ではないか。
2. 個別の事情を勘案するためには、違反建築物の設計図書に係る調査のみでは限界があることから、個別の事情に係るきめ細かな調査を可能とする仕組みが必要ではないか。
3. 管理建築士の処分と建築士事務所の処分の関係を整理するためには、管理建築士の役割を明確にする必要があるのではないか。

自治体における建築設計業務での最低制限価格制度の導入状況

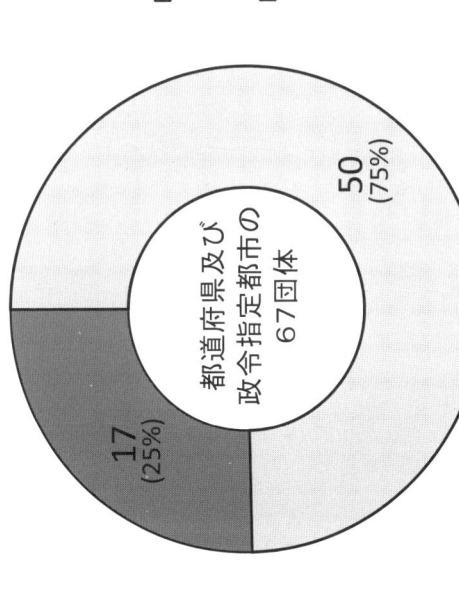

- 最低制限価格制度を導入している
- 最低制限価格制度を導入していない

都道府県及び政令指定都市 67団体

- 50 (75%)
- 17 (25%)

	最低制限価格制度を導入している	最低制限価格制度を導入していない	計
該当数	50	17	67

※都道府県及び政令指定都市の営繕担当部局に対する国土交通省調べ（平成26年2月現在）

平成26年02月12日

建築設計三会共同提案に対する意見

一般社団法人　全国中小建築工事業団体連合会

1．総論
　設計者は、建築主（施主）対施工者という図式においては、施主側の立場に立って業務を行う存在で、施主もそれを期待しているが、一方で設計者と施工者は、お互いに協力し合って建物（住宅）を造る協同（共同）製作者でもある。工務店が手掛ける物件の場合、設計者は施工者の知識を借りたり相談しながら設計監理を進めるのが常識であり、その意味からも本来、今回のような提案は、議論の当初から施工者側の意見を充分に取り込み、包括的に現場の実態や背景にも言及して討議されるべきであった。

2．各論
(1) 無登録業務の禁止の実効化
①具体的にはどのように実効化するのか不明。「設計・工事監理の業務」の内容が明確化されていない。また、事務手続きなど、現状の小規模・零細工務店の立場で考えると、事務量の増加、煩雑化などが懸念され、課題は多い。
②徹底していないものを徹底させると言うことが、現在建築士の居ない工務店が施主との相談対応の中で設計提案も出来ないという拡大解釈に繋がっていくことも強く懸念されることから、これらへの充分且つ慎重な配慮が求められる。

(2) 一括再委託の禁止について
　中小の工務店においても、都道府県を跨がって事業を展開しているケースがあることや、施主の希望や拘りによって、特定の工務店が通常の事業エリアから外れる他県に住宅建設を依頼されることも珍しくない。これら県を跨がる施工例においては、事前の相談対応から受注や設計までを地元の工務店が行い、実際の施工や施工監理、メンテ等は建設地の支店または協力工務店がそれぞれの役割分担として担うことになる。これが今般の建築設計三会の提案にある「一括再委託の禁止」に触触する解釈が成り立つものと懸念される。
　こうした従前からの事業形態が禁止行為とされれば、工務店経営に深刻な支障が生じることとなり、根本から事業形態を変更しない限り企業存続にも影響を及ぼす危機となる。従来の事業形態を存続できるよう充分な配慮が求められる。

(3) 書面による業務契約の締結の義務化
　建築士が在籍し事務所登録を行っている工務店は、工事請負契約とは別に設計監理契約を行えばよく、既に行われているはずである。一方、事務所登録をしていない工務店が設計業務を下請けに出す場合、工務店と設計事務所が設計委託契約を行うのではなく、施主と設計者が直接契約を行わなければならないとすると、今までの業務のやり方について変更を迫られ、施主及び工務店の側から見てコストアップに繋がる可能性が高くなる。或いは、工務店から設計事務所への設計委託契約も認めるべきとも考えられるが、その場合でも、現状に比べ設計委託契約が煩雑になることがないよう充分な配慮が求められる。

平成 26 年 2 月 12 日

建築設計三会共同提案に対する意見

一般社団法人住宅生産団体連合会

《設計・工事監理の業の適正化関係》

「２．一括再委託の禁止」について

(1) 都道府県域を超えて事業活動を行う住宅メーカーや工務店(以下「住宅メーカー等」という。)は、各地域に支店やディーラー（以下「支店等」という。）を配置し、事前相談への対応から、契約後の設計、施工、工事監理、引渡し後のメンテナンスまで企業又は企業グループとして責任を持って顧客に対応する体制を構築している。例えば、退職後に他県で暮らす子供の近くでの居住を希望する顧客に対しては、受注・設計は顧客が居住する地域の支店等が対応し、工事監理・アフターメンテナンスは建設地の支店等が対応するという役割分担を行っている。一方、建築士事務所は都道府県単位で登録することとなっているため、このような社内の役割分担でさえも、前者の支店等（＝建築士事務所）から後者の支店等（＝建築士事務所）への工事監理業務の一括再委託と見なされ、建築設計三会の提案によると禁止行為に該当することとなる。法改正に当たってこのような事業活動方法が禁止された場合には、企業活動に支障が生じるとともに業態の変更を余儀なくされ、さらには顧客に余計な経済的負担を強いることとなる点をご配慮いただきたい。

(2) 建築士を擁していない小規模な工務店の多くは、顧客の希望を十分に把握した上で、いわば顧客の代理人として建築士事務所に設計・工事監理業務を委託し、自らは建設工事を行うことで顧客の希望に適う住宅を生産するという業態で仕事を行っている。今回の建築設計三会の提案では、このような業態が「無登録業務の禁止」や「一括再委託の禁止」に該当するか、あるいは「書面による業務契約の締結の義務化」に反するか否かが判然としないが、法改正に当たっては、全国の数多くの小規模工務店が長年行ってきたこのような事業活動を継続できる様ご配慮いただきたい。

裏面へ続く

「3．書面による業務契約の締結の義務化」について

　住宅メーカー等にあっては、設計業務・工事監理業務を工事請負契約に含め契約を行っている場合が殆どであり、「設計業務・工事監理業務契約書が無いこと」が両者間のトラブルの要因となることは考えにくい。また、設計・工事監理業務委託契約書の作成は、契約図書・書類の作成や印紙税の負担など両者に負荷となる。以上の理由から、設計・工事監理委託契約書の作成については、義務化せず現状の運用としていただきたい。

　なお、仮に上記契約書の締結が義務化される場合でも、建築設計三会の提案ではさらに、建築士事務所の開設者が建築主と直接に契約締結することを求めており、支店長が契約当事者となることは禁止行為に該当することとなる。しかしながら、通常、都道府県域を超えて事業活動を行う住宅メーカー等では、社長は開設者となって各地域に支店（＝建築士事務所）を開設するが、顧客との契約は支店長が責任を持って行っており、広範に事業活動を行う住宅メーカー等の社長が全ての顧客と直接契約を締結することは困難であるため、法改正に当たっては、建築士事務所の開設者又はその代理人による契約とできる様ご配慮いただきたい。

「5．管理建築士の責務の明確化」について

　上記「3．書面による業務契約の締結の義務化」と同様に、広範に事業活動を行う住宅メーカー等の社長が、大小含む全ての案件の技術的事項について業務締結前に管理建築士から意見を聴取することは困難であるが、今でも必要な物件については支店長が管理建築士と意見を聴取することにより適正に業務が行われているため、法改正に当たっては必ずしも全物件の意見聴取が必須とされることのない様ご配慮いただきたい。

「6．設計・工事監理の業に関する消費者保護等の充実」について

　建築設計三会の提案では、設計等の業務に関し生じた損害を賠償するための保険加入の努力義務化を求めているが、お客様から住宅の設計・施工を受注している住宅メーカー等はお客様に対し全ての責任を負うとともに、住宅瑕疵担保履行法に基づき住宅瑕疵担保責任保険に加入（若しくは所要資金を供託）していることから、住宅の設計・施工を受注している住宅メーカー等にとっては屋上屋を架す提案であり、新たな保険加入努力義務は不要としていただきたい。

以上

自由民主党建築設計議員連盟
第3回設計監理等適正化勉強会 次第

日　　時：平成26年2月19日(水)　12:00〜13:00
場　　所：自民党本部7階706号室

■次　第
　司　　会：衆議院議員　自民党建築設計議員連盟設計監理等適正化勉強会事務局長
　　　　　　　　　　　　　　　　　　　　　　　　　　　　　　　盛　山　正　仁

1. 開　　会

2. 座長挨拶：衆議院議員　自民党建築設計議員連盟事務局長
　　　　　　　　　　　　設計監理等適正化勉強会座長　　　　　山　本　有　二

3. 出席者紹介：(別紙参照)
　　　　　　　国会議員
　　　　　　　国土交通省　住宅局長　　　　　　　　　　　　　井　上　俊　之
　　　　　　　　　　　　　大臣官房審議官　　　　　　　　　　橋　本　公　博
　　　　　　　　　　　　　住宅局建築指導課長　　　　　　　　井　上　勝　徳
　　　　　　　　　　　　　建築指導課企画専門官　　　　　　　武　井　佐代里
　　　　　　　一般社団法人日本建築士事務所協会連合会会長　　三　栖　邦　博
　　　　　　　一般社団法人日本建築士事務所協会連合会副会長
　　　　　　　(日本建築士事務所政経研究会会長)　　　　　　　八　島　英　孝
　オブザーバー　公益社団法人日本建築士会連合会会長　　　　　三井所　清　典
　オブザーバー　公益社団法人日本建築家協会副会長　　　　　　森　　　暢　郎
　ヒアリング団体　一般社団法人日本建設業連合会建築設計委員会委員長　河　野　晴　彦
　ヒアリング団体　一般社団法人日本建築構造技術者協会会長　　金　箱　温　春
　ヒアリング団体　一般社団法人日本設備設計事務所協会会長　　西　田　能　行

4. 議　　題：
(1)建築設計三会共同提案に対する関係団体ヒアリング
　　　一般社団法人日本建設業連合会建築設計委員会委員長　　　河　野　晴　彦
　　　一般社団法人日本建築構造技術者協会会長　　　　　　　　金　箱　温　春
　　　一般社団法人日本設備設計事務所協会会長　　　　　　　　西　田　能　行
(2)意見交換
(3)今後の進め方

5. 閉　　会

平成 26 年 2 月 19 日
一般社団法人日本建設業連合会

自由民主党建築設計議員連盟勉強会ヒアリング
一般社団法人 日本建設業連合会

1．日建連及び日建連における設計施工について
　　会員構成：　大手総合建設会社 139 社（建築本部委員会参加 57 社）
　　設計施工：(57 社、2012 年実績)
　　　　設計施工受注高 2.5 兆円
　　　　設計施工の比率 36.6%（設計施工一貫受注額／建築工事受注額）

　　設計施工についての考え：
　　　　社会の急激な変化により、建築プロジェクトのニーズは多様化し、設計・施工者に、より最適化した対応を要求するものとなっている。日建連会員会社では、内外の専門家の連携により、これら多様な最終成果物である建築物を確実にかつ効率的に発注者及び社会に提供することを使命としている。特に、事業計画から運営維持まで建築プロジェクト全般に係る総合建設会社の豊富な実績と総合力を最大限に活かして、設計、施工からアフターケアまでを一貫して行い発注者のニーズに応える「設計施工一貫方式」を事業の主軸として推進している。

2．建築三会共同提案について
（1）意見：
　　　　日建連が行っている建築の設計施工一貫方式の業務遂行に支障がある。
　　具体的な懸念：
　　　　建築三会提案の「項目 3．書面による業務契約の締結の義務化」
　　　　　設計施工一貫プロジェクトでは、当初は発注者による明確な要求条件が提示されず、むしろ要求条件を発注者と一緒になって考えていく等、個々のプロジェクトのニーズに合わせて設計業務を遂行するため、契約締結時期については、柔軟に対応している。要式行為としての契約が義務化されると特定の時期までに契約の締結が求められるという運用がなされることが想定され、これらのビジネスモデルの実施が阻害される。

（2）疑問点：
　　　　提案の「項目 5．」のうちの「開設者による管理建築士の意見の聴取」について、大規模な会社組織においては、開設者が法人または社長、管理建築士が全国各地の支店設計部長のような場合が多いが、どのような運用を想定すればよいのか。

以上

平成 26 年 2 月 19 日
一般社団法人日本設備設計事務所協会

建築設計三会の共同提案が、設備設計事務所の公共建築設計等の
業務受注及び契約に及ぼす影響について【調査】

【主　旨】

　本会は、建築物の電気設備及び給排水設備、空調・換気設備工事の設計及び工事監理を行う設備設計事務所を会員とする一般社団法人である。

　本会の会員は、昭和６０年、建築士法第２０条【業務に必要な表示行為】第5項に、一級建築士等が意見を聞くことができる、建築設備に関する知識及び技能につき国土交通大臣が定めた資格者（建築設備士）が主に業を行っており、今般共同提案をされた建築設計三会の会員とは、都道府県設備設計事務所協会のそれぞれの所在地域等において業務契約に係る利害関係者である。

　また会員の事務所では民間業務の需要は少なく、主な契約先は公共建築物・施設の建築主及び管理者である地方自治体であり、今般の共同提案により、従来の業務受注及び契約に及ぼす影響について、下記の調査を行った。

【調　査】

　調査は、共同提案のうち特に影響が予想される「**無登録業務の禁止の実効化**」について、県庁及び県庁所在地の市役所の発注業務に限定して、都道府県設備設計事務所協会に行った。
　その内容を以下に示す。

1. 共同提案の《設計・工事監理の適正化関係》無登録業務の禁止の実効化についての本会の懸念
　　会員事務所が設備設計等を行う際に、建築士事務所登録を受けなくても、業を受注できる自治体において、「無登録業務の禁止の実効化」により、業を受注できなくなる恐れがある。
　　貴協会が所在する県庁及び当該県庁所在地の市の営繕行政について
　　　問 1-1. 設備設計等の業務を受注するために、建築士事務所登録が必要でしょうか。
　　　問 1-2. 上記の問 1-1. で、建築士事務所登録が不要な自治体では、建築士以外の者が設備設計等を行う場合の建築士法上の取扱いは、補助業務でしょうか。

2. 共同提案の提案項目で貴協会のその他の懸念
　　建築三会の 7 項目プラス 4 項目の提案事項による建築士法関係規定が改正されることで、会員事務所の受注機会をはじめ、経営等に影響が考えられる。
　　　問 2-1. 共同提案の建築士事務所の業に係る 7 項目と建築士制度に係る 4 項目に、貴協会として業務の受注等に関して影響が懸念される項目がありますか。

【結　　果】
　調査は、都道府県単位で行い結果は、以下のようであった。
　　調査対象：　45都道府県　　回答：　27道府県　　回答率：　約60％
　　Ⅰ．何ら問題がないと回答した協会　　　　　　　10道県（約37％）
　　Ⅱ．何らかの影響が懸念されると回答した協会　　17府県（約63％）

【結果分析】
　約63％（回答があった道府県設備設計事務所協会の約2／3）が、「無登録業務の禁止の実効化」は何らかの影響が懸念されると回答した。
　その内容について、電話でのヒアリングを行い、次のような状況であることが判った。
　○所在する自治体における設備設計等の競争入札参加資格に、建築士事務所登録は不必要なために、会員事務所のほとんどが建築士法上の無登録状態である。
　○建築士でなければできない案件と建築士でなくてもできる案件の相違、あるいは建築士の指示のもとで行う補助業務の判断は難しく、また一般的に理解されている設計行為（実務実態の、現場の調査をし、建築主等の要望を確認し、計画、計算、作図等をする行為）と建築士法上の「設計」の定義（その者の責任において設計図書を作成すること）とが異なっており、このような状況下で無登録業務の禁止を徹底・強化されると、拡大解釈などの誤解が起こり、無登録状態の設備設計事務所の業務が制限されるとの懸念であった。

【考察と提案】
　平成20年の建築士法改正時に追加された「再委託の制限」においても同じような誤解と混乱があったが、今回の「無登録業務の禁止の実効化」についても建築士法上の「設計」の定義を具体的に補足説明することで、会員が懸念しているようなことはいずれは沈静化すると思われる。
　従って、建築設計三会の共同提案については基本的には異論がないものとする。

　しかし、地方自治体における誤解や混乱に配慮して、「無登録業務の禁止の実効化」の提案については、補足説明の追記を求める。
　補足説明文として
　　「建築士法第3条及び第3条の2、第3条の3の、建築士でなければできない設計又は工事監理業務以外の設備改修工事図面の作成又は工事監理業務、及び建築士の補助業務として設備設計図書の作成又は工事監理を行う設備設計事務所については、無登録業務の禁止の対象外である。」
　を提案する。

平成 26 年 2 月 19 日

建築三会による「業の適正化及び建築主等への情報開示の充実に関する共同提案」への意見

一般社団法人　日本建築構造技術者協会
会長　金箱温春

大筋では提案内容に賛成であるが、以下に個別の項目で気がついた点を述べる。

1) 設計・工事監理の適正化
   3. 書面による業務締結の義務化
      この内容は元請けである意匠設計事務所と外注先の構造設計事務所（一級建築士事務所）にも適用されることになると思われる。ただし、一般の建築主と建築士事務所との契約とは異なり、意匠設計事務所と構造設計事務所の場合は専門家どうしの契約であるため、従来から委託書・受託書のような簡易な契約の取り交わしが行われている場合も多く、従来の簡易な契約形態も可としないと無用の混乱が生じる恐れがある。

   5. 管理建築士の責務の明確化
      三会の提案は、現状では管理理建築士の存在意義が希薄であることの問題提起と思われ、この点は賛同できる。建築士事務所において、業務遂行上の決定を行う者や設計取りまとめの責任者は存在していると思われるが、必ずしも管理建築士とは限られておらず、組織上のグループの長として位置づけられているのが現状である。
      三会の提案においては、管理建築士が責任を持つ技術的事項の総括の具体的内容を明確にするとしている。しかし、現状から考えると、そもそも管理建築士という立場の者が必要なのかということも含めて検討すべきではないかと考える。

2) 建築主等への情報開示の充実等
   3. 定期講習の見直し
      受講期間の延長に賛成である。建築士が常に研鑽を積み重ねなければならないと考えるが、研鑽の内容は建築士の経験年数や手がけている業務内容によって異なるものである。定期講習は全ての建築士に受講を義務づけるものであり、全ての建築士に共通する内容として最新法規・技術の把握とするならば 5 年の間隔で十分であり、それ以外の研鑽については各団体が実施するさまざまな研修プログラムを建築士が自主的に学ぶ、あるいは団体による研鑽制度で補うべきものと考える。
      なお、構造設計一級建築士については一級建築士の定期講習とは別に構造設計一級建築士の定期講習の受講義務があるが、上記と同様の理由で構造設計一級建築士の定期講習の受講期間の延長を望む。

自由民主党建築設計議員連盟
第4回設計監理等適正化勉強会 次第

  日 時：平成26年3月5日(水) 12:00〜13:00
  場 所：自民党本部7階701号室

■次 第
  司 会：衆議院議員　自民党建築設計議員連盟設計監理等適正化勉強会事務局長
                               盛　山　正　仁
1．開　　　会

2．座 長 挨 拶：衆議院議員　自民党建築設計議員連盟事務局長
       設計監理等適正化勉強会座長   山　本　有　二

3．出席者紹介：(別紙参照)
     国会議員
     国土交通省　住宅局長   井　上　俊　之
         大臣官房審議官   橋　本　公　博
         住宅局建築指導課長   井　上　勝　徳
         建築指導課企画専門官   武　井　佐代里
     一般社団法人日本建築士事務所協会連合会会長   三　栖　邦　博
     一般社団法人日本建築士事務所協会連合会副会長
     (日本建築士事務所政経研究会会長)   八　島　英　孝
 オブザーバー　公益社団法人日本建築士会連合会会長   三井所　清　典
 オブザーバー　公益社団法人日本建築家協会副会長   森　　　暢　郎

4．議　　　題：
(1)「建築物の設計・工事監理の業の適正化及び建築主等への情報開示の充実に関する共同提案」(建築設計三会共同提案)に関するとりまとめ等について
(2) 今後の進め方
(3) その他

5．閉　　　会

設計関係3団体の共同提案について

<設計・工事監理の業の適正化関係>

提案事項	制度的な対応
1. 無登録業務の禁止の実行化 □ 設計・工事監理の業務は、建築士事務所の登録をした者でなければ他人の求めに応じ報酬を得て行うことができないことを徹底させる。	※ 技術的助言 次の事項について技術的助言により周知を徹底する。 ・設計・工事監理等を業として実施する場合には、建築士事務所の登録が必要であること。 ・建築物の設計・工事監理に係る契約は、建築士事務所の間で締結されることが必要であること。 ・建築士事務所の開設者は契約を締結しようとするときはあらかじめ建築主に対して管理建築士等として重要事項の説明を行うことが必要であること。
2. 一括再委託の禁止 □ 設計・工事監理の業務の一括再委託（丸投げ）は、業務の質の低下を招く、責任の所在が不明確となり、結果的に建築主及び社会に不利益になるため、これをしてはならないものとする。	● 法改正（法第24条の3改正） 延べ面積300m²を超える建築物については、設計・工事監理の業務の一括再委託を禁止する。
3. 書面による業務契約の締結の義務化 □ 設計・工事監理の業務は、建築主（委託者を含む）と建築士事務所の開設者が直接、対等で公正な契約を書面により締結しなければ行うことができないものとする。 □ 延べ面積300m²に相互して相互に交付し、書面に契約を締結し、書面にして相互に交付しなければならないものとする。	● 法改正（新設） 延べ面積300m²を超える建築物の設計・工事監理については、設計・工事監理契約の当事者（委託者（または受託者）と建築士事務所の開設者）は、対等な立場における合意に基づいて公平な契約を締結して相互に交付しなければならない。 ＊延べ面積300m²を超える建築物の契約については、書面の交付義務は廃止する。
4. 業務契約に当たっての契約当事者の責務の明確化 □ 建築主及び建築士事務所の開設者は、安全・安心で良質な建築物が実現できるよう国土交通大臣の定める報酬基準に準拠した契約に努めなければならないものとする。	● 法改正（新設） 建築主（委託者を含む）及び建築士事務所の開設者は、国土交通大臣の定める報酬基準に準拠した適正な代価で契約の締結に努めなければならないものとする。 ＊現行の国土交通大臣による報酬基準の勧告に係る規定は廃止する。

制度的な対応の凡例／●……法改正／○……省令／
※……技術的助言・運用により対応または引き続き検討

提案事項	制度的な対応
5. 管理建築士の責務の明確化 □ 管理建築士が責任を持つ責任技術的事項の具体的内容を明確にする。管理建築士と管理建築士が同一でない場合には、開設者は必要な責任と権限を管理建築士に与えなければならないものとし、開設者は業務契約締結前に管理建築士の意見を聴取し、その意見を尊重しなければならないものとする。	● 法改正（法第24条第3項改正／新設） 1 管理建築士の役割について、次の事項を行うことを明確にする。 ・受託する業務の量及び難易度並びに業務の遂行に必要な期間の設定 ・業務に当たらせる技術者の選定及び開設者への配置 ・他の建築士事務所との提携及び開設先に行わせる業務範囲の案の策定 ・建築士事務所に所属する建築士をはじめとする技術者の行う業務管理とその適正性の確保 2 建築士事務所の開設者は、管理建築士の意見を尊重しなければならないものとする。
6. 設計・工事監理の業に関する消費者保護等の充実 □ 建築士事務所の開設者は、設計等の業務に関し生じた損害を賠償するため、保険契約等の措置を講ずるよう努めなければならないものとする。 □ 設計等の業務に関するトラブルが生じた場合に裁判によらず短期間で解決できるような仕組みを整備する。	● 法改正（新設） 建築士事務所の開設者は、設計等の業務に関し生じた損害を賠償するため、保険契約等の措置を講ずるよう努めなければならないものとする。 ※ 裁判外紛争解決手続きの利用の促進に関する法律による制度の運用により対応（今後の検討課題）
7. 建築士事務所の登録時の名称のルール化 □ 消費者に、建築士事務所の級別が明確に分かるよう、建築士事務所の登録（更新を含む）の際の建築士事務所の名称に一級、二級、木造の別を明示するものとする。	○ 重要事項説明において、建築士事務所の名称に加えて、建築士事務所の種別をあわせて説明するものとする。（省令改正） ○ 建築工事現場の表示において、建築士事務所の種別の記載を義務づける。（省令改正）

制度的な対応の凡例／●…法改正／○…省令／※…技術的助言・運用により対応または引き続き検討

＜建築主等への情報開示の充実等＞

提案事項	制度的な対応
1. 情報開示等の充実	※ 任意の制度として運用
□ 建築士資格等の情報開示方法の充実 資格確認等の利便性を高めるためのインターネットにより所要の情報を開示する。	1 インターネットによる資格情報の開示については、開示情報の内容や事務・費用負担等を含めるため関係主体での調整に時間を要することから、当面は、日本建築士会連合会及び都道府県建築士会にてシステムを構築・運用する。（任意のシステム） 2 システム運用にあたっては、希望者を掲載対象とし、定期講習受講時に建築士に対して掲載希望を確認する等の対応を行う。（運用）
□ 建築士に業務を依頼する者から請求があれば、当該建築士本人確認が容易な顔写真付き免許証明書等を提示するよう努めなければならないものとする。	● 法改正（新設） 建築士は、建築士の業務を依頼する建築主又は委託を受けた者からの請求があった場合には、建築士免許証（建築士免許証明書）（紙型・カード型いずれでも可）を提示しなければならないものとする。 ※ 携行義務は不要とする運用
2. 建築士免許証明書の改善	○ 免許証明書の有効期間は設定しないが、免許証（免許証明書）の記載事項について、勤務先等を追加する（省令改正）
□ 本人照合などを定期的に行い、常に最新の情報を建築士名簿に完備するため、免許証明書に有効期間（5年）を導入する。	
□ 免許証明書の記載事項を追加し、消費者や保有者の利活用の利便性を高める。	
□ 免許証及び免許証明書の有効期間付きの免許証明書への変更・統合を進める。	

制度的な対応の凡例／●……法改正／○……省令／
※……技術的助言・運用により対応または引き続き検討

提案事項	制度的な対応
3. 定期講習の見直し ☐ 建築関係法令の改正時期の間隔を勘案し、受講期間を延長する。(3→5年) ☐ 建築士会及び建築士事務所協会も登録講習機関とされるよう登録要件を見直す。	○ **定期講習の受講期間変更を検討(省令改正)** 定期講習制度開始から5年が経過していることから、定期講習で講ずべき情報・制度の変更頻度等を踏まえ、受講間隔を3年から5年に変更することを検討する。 定期講習の実施機関要件については引き続き検討。
4. 建築士免許証明書と定期講習の連動 ☐ 免許証明書の有効期間と定期講習の受講期間を同一の期間とし、免許証明書に定期講習受講の有無を明記することで、消費者や保持者の利活用に資する。	● **法改正(新設)** 1 免許証(免許証明書)の記載事項に変更があった場合の書き換えに係る手続きを法令で規定し、定期講習を受講した場合、顔写真の更新を希望する場合などに書き換えができるようにする。(法改正) 2 運用にあたっては、定期講習受講時に書き換え申請書、住所・勤務先の変更の届出を提出してもらうなど、円滑に書き換え・届出が進むよう配慮する。(運用)

制度的な対応の凡例／●…法改正／○…省令／
※…技術的助言・運用により対応または引き続き検討

224

その他の諸課題への対応について

1. 建築設備士の役割の明確化（法改正）
   - 大規模な建築物の建築設備に係る設計又は工事監理を行う場合において、建築設備に係る設計又は工事監理を行う場合は、建築設備士の意見を聴くよう努める義務を建築士に課す。
   - この規定の新設に伴い、建築設備士の名称を法律上明記する。

2. 建築士事務所の登録基準の強化（法改正）
   - 建築士事務所に係る欠格要件及び取消事由に暴力団員であること等を追加する。

3. 定期講習受講の徹底に必要な所属建築士情報の届出義務の創設（法改正）
   - 定期講習の受講の促進を効果的に実施するため、建築士事務所の所属建築士を変更した場合の届出義務を規定する。

4. 国・都道府県による建築士の調査権限の創設（法改正）
   - 違反の事実のみではなく、個別の事情を勘案した建築士の処分を行うため、国及び都道府県による建築士に対する調査権限を付与する。

5. その他
   - 今般の法改正による、管理建築士の役割の明確化、建築士の調査権限の創設にあわせて、建築士の個別事情を勘案した処分や、建築士事務所の処分のあり方について検討を行う。

あとがき

衆議院議員　盛山正仁
(自由民主党建築設計議員連盟　設計監理等適正化勉強会事務局長)

　三栖邦博日本建築士事務所協会連合会会長（当時）、三井所清典日本建築士会連合会会長、芦原太郎日本建築家協会会長をはじめとする設計三会の幹部の先生方には、各党の議員への根回しのために連休明けから毎日議員会館の中を回って頂くことになりました。私たち議連メンバーも、額賀福志郎会長、山本有二事務局長以下で、与野党の関係者の間を走り回りましたが、設計三会の先生方の連日の御奮闘がなければ、第186回国会の会期中に成立することはなかったと言って過言ではありませんでした。

　6月に入って、「君達は良く頑張ったけれど、次期国会送りだな。ここまでだね。」と衆議院国土交通委員会の自民党幹部から言われた時には、「う～ん」と目の前が暗くなりましたが、「最後まで諦めずに頑張りましょう。何がどうなるかわかりません。『必ず次期国会で成立させるから』と言われても、その保証はありません。とにかく最後の最後までやるだけのことはやりましょう。」と申し上げ、私の言葉を信じて、成立に向けての精力的な会館回りを毎日続けて頂いた設計三会の先生方のご尽力があったからこそ、法改正を成し遂げることが出来たのです。

　また、井上俊之局長、橋本公博審議官、井上勝徳建築指導課長（いずれも当時）をはじめとする国土交通省の住宅局や大臣官房の皆様には、法案作成の時から、与野党の根回しの途中の様々な情報提供など、本当にお世話になりました。国土交通省の住宅局と大臣官房のご支援なくしては、今回の法改正が日の目を見ることはありませんでした。

　「天の時、地の利、人の輪」と言いますが、今回の建築士法改正は、まさにこの言葉があてはまる状況だったのではないでしょうか。

　幸い法律改正は成し遂げられましたが、これがゴールではありません。法改正検討の過程で、中期的・長期的課題が明らかになりました。これからの不断の検討と努力が求められております。

　今後とも、大内達史日事連会長をはじめとする設計三会の先生方と密接に連絡をとりながら、望ましい建築士の環境を整えるために、これからも頑張りたいと考えております。

＜著者略歴＞

盛山　正仁（もりやま　まさひと）

昭和47年3月	私立灘高等学校卒業
昭和52年3月	東京大学法学部卒業
平成25年3月	神戸大学大学院法学研究科修了　博士（法学）
平成26年3月	神戸大学大学院経営学研究科　博士（商学）

昭和52年4月	運輸省入省
昭和56年3月	経済協力開発機構（OECD在パリ）派遣
平成16年7月	環境省地球環境局総務課長
平成17年8月	国土交通省総合政策局情報管理部長
平成17年9月	第44回総選挙において初当選
平成21年10月	武庫川女子大学教授　生活環境学部食物栄養学科
平成21年11月	財団法人 ひょうご環境創造協会兵庫県環境研究センター客員研究員
平成22年4月	玉川大学客員教授、同志社大学客員教授、聖心女子大学講師
平成24年12月	第46回総選挙において当選
	法務大臣政務官に就任
平成26年9月	自由民主党　法務部会長に就任
平成26年12月	第47回総選挙において当選
平成27年4月	昭和女子大学客員教授

平成26年改正 建築士法の解説

2015年10月5日 第1版第1刷発行

編著　盛　山　正　仁
発行者　松　林　久　行
発行所　株式会社 大成出版社

〒156—0042
東京都世田谷区羽根木1—7—11　TEL 03（3321）4131代
http://www.taisei-shuppan.co.jp/

©2015 盛山正仁　　　　　　　印刷　信教印刷
落丁・乱丁はおとりかえいたします。
ISBN978—4—8028—3225—0